대학·중용 강의

대학·중용 강의

강동석 지음

머리말

조선시대의 문장가 택당(澤堂) 이식(李植, 1584-1647)은 자식에게 가장 먼저 읽어야 할 서목(書目)을 제시하면서 『논어(論語)』와 『맹자(孟子)』는 100번이라는 횟수로 제한했지만, 『중용(中庸)』과 『대학(大學)』에 대해서는 아침저녁으로 돌려가면서 읽도록 권유한 바 있다.

현대에 들어 한학의 위상이 점차 줄어들고 있지만 여전히 주위의 많은 선생님들이 조석으로 『대학』과 『중용』을 읽고 암송하는 분들이 계신다.

필자가 한문학에 입문하여 처음 배운 책 역시 『대학』과 『중용』이다. 당시에는 무슨 뜻인지도 모르면서 외우고 썼던 기억이 있다. 시간이 흘러 공부를 하면 할수록 더욱 그 의미가 다가오며 심오한 맛을 음미할 수 있는 책 또한 『대학』과 『중용』이라고 생각된다. 아마도 선현들의 말씀이나 선생님들의 경험이 그러한 데에서 연유한 것이 아닌가 조심스럽게 생각해 본다.

필자는 『맹자』와 『논어』에 대해 해석과 풀이를 하여 세상에 내놓은 적이 있다. 이제 사서(四書)의 마지막 『대학』과 『중용』을 출간하고자 한다.

송나라의 학자 주희(朱熹, 1130-1200)는 「독중용법(讀中庸法)」에서 "독서의 순서는 모름지기 우선 힘을 붙여『대학』을 보고, 또 힘을 붙여『논어』를 보고, 또 힘을 붙여『맹자』를 보아, 이 세 책을 보고나면 이『중용』은 반절을 모두 마치게 된다." 고 말한 바 있다. 이로 본다면 가장 먼저 봐야 할 책은『대학』이며, 맨 마지막에 봐야 할 책이『중용』인 셈이 된다. 하지만 필자의 과문(寡聞)과 무지함으로 인하여 순서가 바뀌게 되어 부끄러운 마음이 든다. 그럼에도 다행스러운 것은 이 책들을 통해 한문학을 공부하며 사서를 정독할 수 있었으니 감사한 일이 아닐 수 없다. 아울러 이것은 시작에 불과하며, 앞으로 꾸준히 공부하여 훗날 좋은 결과물을 내기를 다짐해 본다.

본서는 주희의『집주』방식을 따랐다. 따라서 주희의 해석은 상당수 참고했음은 물론이다. 특히『대학-대학장구‧대학혹문‧대학강어』과『중용-중용장구‧중용혹문‧중용독서기』등 박완식 선생님의 책과 강의 내용이 적지 않게 실려 있다. 이 자리를 빌어 선생님께 깊은 감사의 말씀 올린다.

모쪼록 한문학에 관심이 있거나『대학』과『중용』을 읽어보고 싶은 이들에게 작은 보탬이 되기를 진심으로 빈다.

역저자 강동석 씀

목차

『대학(大學)』

【보】 우선 '대학'이라는 말은 크게 세 가지로 분류할 수 있다. 성인(成人)으로서의 학문, 위정자(爲政者)로서의 학문, 대인(大人-聖人)의 학문이 그것이다.

첫째, 성인으로서의 학문이란 15세 이전에 소학을 배우고 이후에는 대학을 배웠으니, 15세라는 나이로 한정하여 과목을 달리했음을 알 수 있다.

둘째, 위정자로서의 학문이란 위정자가 반드시 숙지해야 할 조목을 나열한 과목을 의미한다. 즉 『대학』의 삼강령(三綱領) 팔조목(八條目)은 서민이 알아야 할 덕목이 아니라, 위정자들이 늘 외우고 마음에 품어야 할 조목들인 것이다.

셋째, 대인으로서의 학문이란 자신을 수양하고 남을 다스리는, 이른바 수기치인(修己治人)을 중심으로 한 『대학』의 가르침을 통해 성인의 경지로 나아가는 학문이라는 의미가 담겨 있다.

책으로서의 『대학』은 『예기(禮記)』 제42편에 속해 있었다. 『예기』의 한 편인 「대학」이 훗날 송나라의 학자 주희(朱熹)에 의하여 단일 책으로 편찬되었고 장과 절로 나누어져 현재 오늘날 전해지고 있는 것이다.

구성은 경문(經文) 1장과 전문(傳文) 10장으로 되어 있다. 경문은 공자의 말을 증자의 입을 통해 기록되어 전해진 것이며, 전문은 증자의 해설을 증자의 제자들이 기록한 것이다. 따라서 경문과 전문을 같이 보는 것이 온당하다. 하지만 다소의 차이가 있기 때문에 각기 보며 이해하는 것도 무방하다.

경문(經文)

【보】경문은 모두 공자의 말로 이루어져 있다. 따라서 인용구가 없는 것이 특징이다. 삼강령(三綱領)과 팔조목(八條目)이 주내용이다.『대학』은 이 경문을 중심으로 전문(傳文)이 설명되고 있다. 모두 7절로 구성되어 있다.

大學之道는　在明明德하며　在親[新]民하며　在止於至善이니라.

대학의 도는 밝은 덕을 밝히는 데 있고 백성을 새롭게 하는 데 있으며 지극한 선에 머무는 데 있다.

【보】이는 자신의 도를 밝히고[修己], 이를 미루어 남에게까지 영향을 주며[治人], 최고의 정신 경계에 이른 경지[到聖人之道]를 이르는 세 단계로서 일명 '삼강령(三綱領)'이라고 한다. 이 삼강령을 기준으로 팔조목(八條目)이 형성되니 이것이 바로『대학』의 얼개가 된다.

'대학(大學)'은 '대인의 학문'이다. 대인이란 마음을 수양한 사람을 가리킨다.

'도(道)'는 법이 되는 교육을 말하는 것으로 '목적'의 뜻이다.

'명명덕(明明德)'의 앞의 '명(明)' 자는 '밝히다'는 동사이고, 뒤의 '명' 자는 덕을 꾸며주는 형용사이다. 즉 '밝은 덕을 밝히다'는 말로 자신의 지극한 수양을 뜻한다.

'친(親)'은 '신(新)'의 오자(誤字)로 보는 것이 일반적이다.『대학』에서 잘못 쓴 글자는 네 곳에서 보인다. 경문1장의 친(親-新)과, 전7장의 신(身-心), 전10장의 명(命-慢), '彼[爲善之]'가 그것이다. 여기에서의 풀이는 송나라의 학자 정자(程子 - 程頤)의 설에 의한 것이다. 주희(朱熹)가『집주(集註)』에서 이를 밝혔고 많은 학자들이 따른다. 그리고 그 뜻은 '옛 것을 고쳐 새롭게 하다'이다. 이는 스스로 밝은 덕을 밝혔으면 또 미루어 남에게까지 미쳐 그로 하여금 또한 옛날에 물든 더러움을 제거함을 의미한다.

'지(止)'는 반드시 이에 이르러 옮기지 않는 것으로 더 이상 옮겨갈 곳이 없는 최고의 경지를 말한다.

'지선(至善)'은 '지극한 선의 경지'로서 일명 '천리(天理)의 끝'을 가리킨다. 이는 털끝만큼의 사욕이 없는 공평무사한 경지를 의미한다.

知止而后有定이니　定而后能靜하고　靜而后能安하고　安而后能慮하고　慮而后能得이니라.

그칠 곳을 안 이후에 정함이 있고, 정함이 있은 이후에 능히 고요하고, 고요한 이후에 능히 편안하고, 편안한 이후에 능히 생각하고, 생각한 이후에 능히 얻는다.

【보】 이는 앞선 삼강령에 대하여 그 방법을 제시한, 일종의 삼강령의 방법론에 해당된다. 즉 의지의 결정[定]은 마음의 안정으로, 마음의 안정[靜]은 몸의 편안함으로, 몸의 편안함[安]은 깊은 생각으로, 깊은 생각[慮]은 곧 지극한 선에 도달[得]한다는 것이다.

'지(止)'는 지어지선(止於至善)의 축약형이다.

'이후(而后)'는 '이후(以後)'와 같은 말이다.

'정(定)'은 결정을 뜻한다.

'정(靜)'은 동요가 없음을 의미한다.

'안(安)'은 마음의 안정이며 곧 몸의 안정으로 이어진다.

'려(慮)'는 깊은 사고를 뜻한다.

'득(得)'은 지지어지선(知止於至善)을 말한다.

物有本末하고　事有終始하니　知所先後면　則近道矣리라

만물에는 근본과 지엽이 있고, 만사에는 끝과 처음이 있으니 먼저 할 것과 나중에 할 것을 알면 도에 가까울 것이다.

【보】 이는 1절과 2절의 결론에 해당한다. 즉 근본과 처음이 먼저 해야 할 것이며, 지엽과 끝이 나중에 해야 할 것이므로, 명덕과 지지를 우선적으로 실천하며, 신민과 능득을 나중에 해야 할 것임을 안다면, 그것이 바로 도에 가까울 것이라는 의미이다.

'물(物)'은 1절의 명덕(明德)과 신민(新民)이다.

'본(本)'은 '명덕(明德)'이고, '말(末)'은 '신민(新民)'이다.

'사(事)'는 2절의 방법론이다.

'종(終)'은 '신민(新民)'과 '능득(能得)'이며, '시(始)'는 '지지(知止)'를 가리킨다.

'도(道)'는 '대학의 도'를 지칭한다.

古之欲明明德於天下者는   先治其國하고   欲治其國者는
先齊其家하고   欲齊其家者는   先修其身하고   欲修其身者는
先正其心하고   欲正其心者는   先誠其意하고   欲誠其意者는
先致其知하니 致知는 在格物하니라.

옛날 명덕을 천하에 밝히려고 하는 사람은 먼저 그 나라를 다스리고, 그 나라를 다스리려고 하는 사람은 먼저 그 집안을 가지런하게 하고, 그 집안을 가지런하게 하려는 사람은 먼저 그 몸을 닦고, 그 몸을 닦으려고 하는 사람은 먼저 그 마음을 바르게 하고, 그 마음을 바르게 하려는 사람은 먼저 그 뜻을 성실하게 하고, 그 뜻을 성실하게 하려는 사람은 먼저 그 앎을 지극하게 했으니 앎을 지극히 하는 것은

사물의 이치를 궁구하는 데 있다.

【보】 이른바 『대학』의 팔조목(八條目)에 관한 절이다. 즉 1.격물(格物), 2.치지(致知), 3.성의(誠意), 4.정심(正心), 5.수신(修身), 6.제가(齊家), 7.치국(治國), 8.평천하(平天下)가 그것이다. 이러한 순서가 의미하는 것은 올바른 지식이 있어야 만이 올바른 행동을 할 수 있음을 말한다.

'명덕을 천하에 밝힌다는 것[明明德於天下者]'은 천하 사람으로 하여금 모두 그 명덕을 밝히도록 한다는 것을 의미한다.

'기가(其家)'는 왕실을 가리킨다.

'성(誠)'은 성실함이고, '의(意)'는 마음이 움직이는 바이니, 그 마음의 움직이는 것을 성실히 하여 반드시 스스로 만족하고 스스로 속임이 없고자 하는 것이다.

'치(致)'는 미루어 지극히 하는 것이고, '지(知)'는 나의 지식을 미루어 지극히 하여 그 아는 것을 지극히 하는 것을 말한다.

'격(格)'은 도달하는 것이니 객관사물에 대한 탐구이며, '물(物)'은 '일[事]'과 같으니, 사물의 이치를 궁구하여 지극히 함을 말한다.

物格而后知至하고　　**知至而后意誠**하고　　**意誠而后心正**하고 **心正而后身修**하고　　**身修而后家齊**하고　　**家齊而后國治**하고 **國治而后天下平**이니라.

사물의 이치가 이른 뒤에 지식이 지극해지고, 지식이 지극해진 뒤에 뜻이 성실해지고, 뜻이 성실해진 뒤에 마음이 바르게 되고, 마음이 바르게 된 뒤에 몸이 닦아지고, 몸이 닦아진 뒤에 집안이 가지런해지고, 집안이 가지런한 뒤에 나라가 다스려지고, 나라가 다스려진 뒤에 천하가 평안해진다.

【보】 앞 절이 도를 구하는 입장이라면, 이 절은 완성자의 입장이니 서로 다르다. 예컨대 '격물(格物)'이란 사물에 대해 객관적 탐구를 하여 깨닫는 것이므로 구도자의 입장이며, '물격(物格)'이란 사물이 절로 이르러 오는 것이므로 완성자의 입장인 것이다. 이러한 구조는 격물 뿐 아니라 이하 모두 같다.

自天子로 以至於庶人히 壹是皆以修身爲本이니라.

천자로부터 서민에 이르기까지 일체 모두 수신을 근본으로 삼는다.

【보】 이 글은 앞의 두 절, 즉 "古之欲明明德於天下者~國治而后天下平"에 대한 결론에 해당된다. 즉 내적인 면과 외적인 면 모두 '수신'이 기준이 된다는 말이다. 격물, 치지, 성의, 정심 이 네 가지 내적 수양은 모두 수신을 근본으로 삼으며, 제가, 치국, 평천하 이 세 가지 외적인 수양 또한 수신을 근본으로 한다.
'일시(壹是)'는 '일체(一切)'라는 말과 같다.

其本이 亂而末治者否矣며 其所厚者에 薄이오 而其所薄者에 厚는 未之有也니라.

그 근본이 어지러운 데에도 끝이 다스려지는 자는 없으며, 두텁게 할 것을 얇게 하고서 얇게 할 것을 두텁게 하는 자는 있지 않다.

【보】 이 절 또한 앞의 두 절, 즉 "古之欲明明德於天下者~國治而后天下平"에 대한 결론에 해당되며 수신을 하지 못했을 때의 양상에 대해 설명하고 있다.
'본(本)'은 '수신(修身)'을 지칭한다.

'난(亂)'은 '불능(不能)'과 같은 말이다.

'말(末)'은 '신민(新民)'을 가리킨다.

'부(否)'는 '무(無)' 자와 같다.

'후(厚)'는 '제가(齊家)'를 말한다.

원문 '其所厚者薄, 而其所薄者'에서 박(薄) 자가 두 번 쓰이는
데, 앞의 박(薄) 자는 '불능(不能)'과 같은 말로 잘못하고 있음을
말하고, 뒤의 박 자는 '국가(國家)'를 가리킨다.

右는 經一章이라.

이상이 경문이다.

전1장

【보】전1장부터 전4장까지는 삼강령(三綱領)을, 전5장부터 전
10장까지는 팔조목(八條目)의 공부를 논하고 있다. 전1장은 앞
경문(經文)의 '명명덕(明明德)'을 『서경(書經)』의 글 세 절에 의거
하여 풀이한 장으로, 경전을 통해 증자가 공자의 말을 증명한
것이다. 또 일부는 증자의 제자들이 기록하기도 했다. 모두 4절
로 구성되어 있다.

康誥曰 '克明德이라.'하며,

「강고」에 '능히 덕을 밝힌다.'라고 하였다.

【보】'강고(康誥)'는 『서경』「주서(周書)」 32편 가운데 11편이
다. 제3장에 "너의 크게 드러난 아버지 문왕께서 능히 덕을 밝
히고 형벌을 신중하게 했다.〔惟乃不顯考文王, 克明德愼罰.〕"라
는 글이 보인다.

'극(克)'은 '능(能)'의 뜻이다.

太甲曰 '顧諟天之明命이라.'하며

「태갑」에 '이 하늘의 밝은 명을 돌아본다.'고 하였다.

【보】 '태갑(太甲)'은 『서경』「상서(商書)」 17편 가운데 「태갑(太甲) 상(上)」을 말한다. 본문은 제2장에 보인다.
'고(顧)'는 늘 살피는 것을 뜻한다.
'시(諟)'는 두 가지 뜻으로 해석이 가능하다. 첫째, '이것[是, 此]'으로, 천지지명(天之明命)을 지칭하는 대명사로 쓰인다. 둘째, '살피다[視]'의 뜻으로, '고시(顧諟)'가 하나의 동사로 쓰인다.
'천지명명(天之明命)'은 하늘이 인간에게 부여하여 덕으로 삼은 것을 가리킨다. 따라서 늘 이를 살핀다면 밝지 않음이 없다.

帝典曰 '克明峻德이라.'하니

「제전」에 '능히 큰 덕을 밝힌다.' 하였다.

【보】 '제전(帝典)'은 『서경』「우서(虞書)」 5편 가운데 「요전(堯典)」을 가리킨다.
'준(峻)'은 '크다[俊]'의 뜻이다.

皆自明也니라.

모두 스스로 밝히는 것이다.

【보】 이상 『서경』을 인용한 세 절의 글은 모두 '스스로 자기의 덕을 밝힘'을 말하고 있다.

'자(自)'는 '누구에게나 차별 없이 주다.'는 의미이다.

右는 傳之首章이니 釋明明德하니라.

이상은 전문의 첫째 장으로 '명명덕'을 풀이하였다.

【보】 이 글은 주석에 해당되지만, 대문(大文)과 같이 보며, 반드시 읽는다.

전2장

【보】 경문(經文)의 두 번째 '신민(新民)'에 관해 풀이한 글이다. 명덕(明德)을 근본으로 하고 있음에 유의해야 한다. 모두 4절로 구성되어 있다.

湯之盤銘曰 '苟日新이어든 日日新하고 又日新이라.'하며,

탕왕의 「반명」에 '진실로 어느 날에 새로워졌거든 날이면 날마다 새롭게 하고 또 나날이 새롭게 하라!' 하였다.

【보】 이 절은 '구(苟)' 자에 핵심이 담겨 있으니 '진실로[誠], 거짓 없이, 참으로' 자신을 새롭게 해야 한다는 것이다.

'탕(湯)'은 상(尙)나라를 건국한 탕왕(湯王)을 가리킨다. 이름은 리(履)이며, 탕은 자이다. 성탕(成湯)이라고도 한다.

'반(盤)'은 목욕하는 욕조를 말한다. 몸을 씻는 일은 마음을 씻는 것처럼 여겼기 때문에 그 옆에 명을 기록한 것이다.

'명(銘)'은 스스로 경계하는 말이다.

'구(苟)'는 '진실로[誠]'라는 말이다. 탕왕이 그 마음 깨끗이 씻어 악을 제거하는 것은 마치 그 몸을 목욕하여 때를 '리는 것과 같다고 여기기 때문에 목욕하는 욕조에다 경계하는 글을 쓴 것이다.

원문 '苟日新'의 '일(日)'은 '어느 날'이라는 뜻이다.

康誥曰 '作新民이라.'하며,

「강고」에 '스스로 새로워지려는 백성을 진작시켜라.'고 하였으며,

【보】『서경』「주서(周書)」「강고(康誥)」제7장에 "已, 汝惟小子. 乃服, 惟弘王, 應保殷民, 亦惟助王, 宅天命, 作新民.[그만두겠는가, 너 소자야. 행할 일은 오직 왕의 덕을 넓혀 은나라 백성을 화합하고 보호하며, 또한 왕을 도와 천명을 안정시키고 백성을 진작하여 새롭게 하는 것이다.]"라고 하였다.

'작(作)'은 북치고 춤추게 하는 것을 말한다.

'신민(新民)'은 '새로워지려는 백성'이라는 뜻이지, '백성을 새롭게 한다'는 뜻은 아니므로 유의해야 한다.

詩曰 '周雖舊邦이나 其命維新이라.'하니,

『시경』에 '주나라가 비록 옛 나라이지만 그 명이 새롭다.'라고 하였다.

【보】『시경』「대아(大雅)」「문왕(文王)」에 "文王在上, 於昭于天. 周雖舊邦, 斯命維新. 有周不顯, 帝命不時. 文王陟降, 在帝左右.[문왕이 위에 계시어, 아 하늘에 밝게 계시도다. 주나라가 비록 오래된 나라이지만, 그 천명은 새롭다. 주나라가 드러나지 않을까, 상제의 명이 때에 맞지 않을까. 문왕의 오르고 내림이,

상제의 좌우에 계신다.]"라고 하였다.

'주수구방(周雖舊邦)'이란 주나라가 천여 년 동안 약소국가로 있었음을 의미한다. 여기에서의 '방(邦)'은 제후의 나라이다.

'기명유신(其命維新)'은 천하를 통일하여 국가의 운명이 새롭게 됨을 뜻한다.

是故로 君子는 無所不用其極이니라.

이 때문에 군자는 그 지극한 선을 쓰지 않는 바가 없다.

【보】이는 자신을 새롭게 하는 것[自新]과 백성을 새롭게 하는 것[新民]을 모두 지극한 선[至善]에 그치게 하고자 함을 말한다.

'군자(君子)'는 도와 덕을 온전히 갖춘 인물을 말한다.

'극(極)'은 지선(至善)을 가리킨다.

右는 傳之二章이니 釋新民하니라.

이상은 전문의 2장으로 '신민'을 풀이하였다.

전3장

【보】경문(經文)의 세 번째 '지어지선(止於至善)'에 관해 풀이한 글이다. 『시경』이 다섯 번 인용되어 있으며 그에 대한 풀이가 있는 절도 있다. 모두 5절이다.

詩云 '邦畿千里여 惟民所止라.'하니라.

『시경』에 '나라의 국경 천리여, 백성들이 정착하여 사는 곳이다.'

하였다.

【보】 사람이 마땅히 정착해야 할 곳에 정착함을 말한다.
　『시경』「상송(商頌)」「현조(玄鳥)」에 "邦畿千里, 維民所止, 肇域彼四海.[나라의 국경 천리여, 백성들이 사는 곳이니 저 사해에 국경을 비로소 열어 놓도다.]"라고 하였다.
　'방기(邦畿)'는 왕자의 도읍이다.
　'천리(千里)'는 제후의 땅이다. 천자가 만 리의 땅을 소유하고 있기 때문에 제후는 그 10분의 1인 천리를 소유한다.
　'지(止)'는 '정착하여 살다[居]'는 뜻이다. 지(止) 자를 쓴 것은 사물이 마땅히 그쳐야 할 곳에 있음을 의미한다.

詩云 '緡蠻黃鳥여　止于丘隅라.'하야늘　子曰 '於止에　知其所止로소니　可以人而不如鳥乎아.'하시니라.

　『시경』에 '꾀꼴꾀꼴 우는 황조여, 언덕 모퉁이에 멈춘다.'라고 하니, 공자께서 '황조도 그칠 때에 그 그칠 곳을 아니, 사람으로서 새만 못해서야 되겠는가.'라고 말씀하셨다.

【보】 새도 마땅히 있어야 할 곳을 알아 사는데, 하물며 사람에 있어서는 말할 것도 없다는 의미이다.
　『시경』「소아(小雅)」「면만(緡蠻)」에, "綿蠻黃鳥, 止于丘阿. 道之云遠, 我勞如何. 飮之食之, 教之誨之, 命彼後車, 謂之載之.[꾀꼴꾀꼴 우는 황조여, 언덕에 앉아 있네. 길이 멀기도 하니, 내 수고로움 어떠한가. 나에게 음식을 먹여주며 나를 가르쳐주며, 저 후거를 명하여 태워주라 이를까.]"라고 하였다.
　'면만(緡蠻)'은 새 울음소리이다. 원래 '낚시줄 민(緡)' 자이나 면(綿)과 통용한다. 독음도 '면'이다.
　'황조(黃鳥)'는 꾀꼬리이다. 새의 울음소리 가운데 가장 아름다운 소리를 지녔으니 이것이 바로 지선(至善)을 비유한 것이다.

'구우(丘隅)'는 산이 깊고 숲이 울창한 곳을 말한다. 역시 가장 좋은 장소를 지칭한다.

'자왈(子曰)'은 공자의 개인적 평가[私評]이다.

'어지(於止)'는 시간을, '소지(所止)'는 장소를 각기 의미한다.

詩云 '穆穆文王이여 於(오)緝熙敬止라.'하니 爲人君엔 止於仁하시고 爲人臣엔 止於敬하시고 爲人子엔 止於孝하시고 爲人父엔 止於慈하시고 與國人交엔 止於信이러시다.

『시경』에 '거룩하신 문왕이여, 아! 끊임없이 빛나고 공경하고 지극한 선에 그치셨다.' 하였으니, 사람들의 임금이 되어서는 인(仁)에 그치고, 사람의 신하가 되어서는 경(敬)에 그치시고, 사람의 자식이 되어서는 효(孝)에 그치시고, 사람의 부모가 되어서는 자(慈)에 그치시고, 국민과 더불어 사귀는 데에는 신(信)에 그치셨다.

【보】 문왕을 통해 지어지선(止於至善)의 실천 방법에 대해 구체적으로 밝히고 있다. 즉 임금, 신하, 자식, 부모, 백성 등 각각의 위치에 있을 때 무엇을 최고의 경지로 삼아 실천해야 하는지 제시하고 있다. 주의할 점은 핵심만을 말한 것이지 나머지 즉 형제지간이나 사제지간 등에 대해서 언급하지 않은 것은 아니다. 배우는 자가 유추하여 알아야 한다.

『시경』「대아(大雅)」「문왕(文王)」에 "穆穆文王, 於緝熙敬止. 假哉天命, 有商孫子. 商之孫子, 其麗不億, 上帝旣命, 侯于周服." 라고 하였다.

'목목(穆穆)'은 심원한 모양이니, 거룩하고 거룩하다는 말이다.

'오(於)'는 감탄사이다.

'집희경지(緝熙敬止)'는 지극한 선에 도달한 구체적 모습이다.

'인(仁)', '경(敬)', '효(孝)', 자(慈), '신(信)' 이 다섯 가지가 바로

지선(至善)이자 실천방법이 된다.

詩云 '瞻彼淇澳한대 菉竹猗猗로다. 有斐君子여 如切如磋하며 如琢如磨로다. 瑟兮僩兮며 赫兮喧(훤)兮니 有斐君子여 終不可諠(훤)兮라.'하니 如切如磋者는 道學也요 如琢如磨者는 自修也요 瑟兮僩兮者는 恂慄也요 赫兮喧兮者는 威儀也요 有斐君子終不可諠兮者는 道盛德至善을 民之不能忘也니라.

『시경』에 '저 기수 모퉁이를 보니 푸른 대나무가 무성하구나! 문채 나는 군자여 잘라놓은 듯하고 간 듯하며 쪼아놓은 듯하고 간 듯하다. 엄밀하고 굳세며 빛나고 점잖으니 문채나는 군자여 끝내 잊을 수 없다.'라고 했으니, '잘라놓은 듯하고 간 듯하다'는 학문을 말한 것이고, '쪼아놓은 듯하고 간 듯하다'는 스스로 행실을 닦음을 말한 것이고, '엄밀하고 굳세다'는 마음이 두려워함을 말한 것이고, '빛나고 점잖다'는 위의를 말한 것이고, '문채나는 군자를 끝내 잊을 수 없다'는 성대한 덕과 지극한 선을 백성이 능히 잊지 못함을 말한 것이다.

【보】 이는 명명덕(明明德)을 실천하는 사람의 지어지선(止於至善)에 대해 설명하고 있다.
『시경』 「위풍(衛風)」 「기오(淇澳)」에 위의 시가 보인다.
'기(淇)'는 물 이름이고, '오(澳)'는 모퉁이이다.
'의의(猗猗)'는 아름답고 성한 모양이다.
'비(斐)'는 문채가 나는 모양이다.
'절(切)'은 칼과 톱으로 물건을 만드는 도구이니 대개 골각(骨角)류에 쓰인다. '차(磋)'는 줄과 대패로 자른 물건을 더욱 정밀하게 만들고 광택을 내는 것을 말한다.

'도(道)' 자가 두 번 쓰였는데, 모두 '말하다[言]'의 뜻으로 쓰였다.

'탁(琢)'은 망치와 끌로 물건을 만드는 도구이니 대개 옥석(玉石)류에 쓰인다. '마(磨)'는 모래와 돌로 쪼갠 물건을 매끄럽고 윤택하게 하는 것이다.

'슬(瑟)'은 엄밀한 모양, '한(僩)'은 굳센 모양이다.

'혁(赫)'과 '훤(喧)'은 드러나고 성대한 모양이다.

'훤(諠)'은 '잊다[忘]'의 뜻으로 쓰였다. 사전에는 '훤'으로 표기되어 있으나 언해본에 의해 '훤'으로 독음하였다.

詩云 '於(오)戲(호)라! 前王不忘이라.'하니 君子는 賢其賢而親其親하고 小人은 樂其樂而利其利하나니 此以沒世不忘也니라.

『시경』에 '아! 전대의 왕을 잊지 못한다.'라고 하였으니, 군자는 전왕의 어짊을 어질게 여기고 전왕의 친한 이를 친하게 여기며, 소인은 전왕께서 즐겁게 해 줌을 즐거워하고 전왕께서 이롭게 해 줌을 이롭게 여기니 이 때문에 세상에 없어도 잊지 못하는 것이다.

【보】 이는 신민(新民)의 지어지선(止於至善)에 대해 『시경』을 인용하고 풀이한 것이다.

『시경』「주송(周頌)」「열문(烈文)」에 "無競維人, 四方其訓之, 不顯維德, 百辟其刑之, 於乎前王不忘.[더 강함이 없는 사람을 사방에서 그를 교훈으로 삼으며, 더 드러날 수 없는 덕을 모든 제후가 법으로 삼으니, 아 전왕을 잊지 못한다.]"라고 하였다.

'오호(於戲)'는 감탄사이다.

'전왕(前王)'은 문왕(文王)과 무왕(武王)을 말한다.

'군자(君子)'는 문왕과 무왕의 뒤를 이은 통치자를 말한다.

원문 '賢其賢'에서 앞의 '현(賢)' 자는 '지키다[守]'의 의미를, 뒤의 '현(賢)' 자는 '훌륭한 법[法]'을 의미한다. 그리고 '기(其)' 자는 문왕과 무왕을 가리킨다.

원문 '親其親'에서 '친(親)'은 '계승[承]'을 의미한다.

'소인(小人)'은 백성을 지칭한다.

원문 '樂其樂'에서 앞의 '락(樂)'은 '누리다'는 뜻이며, 뒤의 '락(樂)'은 '미풍양속'을 말한다.

원문 '利其利'에서 앞의 '리(利)'는 '누리다'는 뜻이며, 뒤의 '리(利)'는 전답이나 집 따위를 말한다.

'불망(不忘)'은 위정자의 덕을 존경하는 마음과 백성으로서의 은택을 잊지 못한다는 것이다.

右는 傳之三章이니 釋止於至善하니라.

이상은 전문의 3장으로 '지어지선'을 풀이하였다.

전4장

【보】경문의 '본말(本末)'에 대하여 공자의 말을 인용하여 풀이한 장이다. 즉 말(末)이 판결이라면, 본(本)은 판결 이전인 송사자체를 없게 하는 것이다. 1절로 구성되어 있다.

子曰 '聽訟이 吾猶人也나 必也使無訟乎인저.'하시니 無情者不得盡其辭는 大畏民志니 此謂知本이니라.

공자께서 '송사를 다스리는 것은 내가 남들과 똑같지만 반드시 백성으로 하여금 송사를 없도록 하겠다.'라고 말씀하셨으니, 진실된 마음이 없는 사람이 그 거짓말을 다할 수 없도록 하는 것은 백성의 마음을 크게 두렵게 하기 때문이니 이를 일러 근본을 안다고 한다.

【보】공자의 말은 『공자』「안연(顏淵)」 제13장에 보인다. 이는 지엽적인 것보다 근본을 해결하는 것을 말한다.

'청(聽)'은 '다스리다[治]'의 뜻으로 쓰였고, '송(訟)'은 다른 사람의 시비를 듣고 판결을 내리는 것이다. 뒤의 무송(無訟)이 공자가 말한 본(本)이 된다.

'정(情)'은 '진실[實]'의 뜻이다.

'사(辭)'는 진실 된 마음이 없는 말을 의미한다.

'민(民)'은 자식, 제자 등을 모두 아우른 말이다.

'지(志)'는 '마음[心]'의 뜻이다.

右는 傳之四章이니 釋本末하니라.

이상은 전문의 4장으로 '본말'을 풀이하였다.

(此謂知本)

【보】위의 글은 연문(衍文)이며, 읽지 않는다.

전5장

【보】일명 보망장(補亡章), 보궐장(補闕章)이라고도 한다. 즉 구절이 빠져 있고 결론만 있기 때문에 주자가 스승 이천 선생의 말을 인용하여 이를 보충한 것이다. 그 내용은 격물(格物)과 치지(致知)의 인식에 관한 것이다. 이는 송대 이전에 보이는 않는 것이며, 여기에 주자의 성리학적 이론이 잘 드러나 있다.

此謂知之至也니라.

이를 일러 '지식이 지극하다'고 하는 것이다.

【보】 이 글은 결론만 언급되었으며, 앞 구절이 빠져 있다.

右는 傳之五章이니 蓋釋格物致知之義而今亡矣라.

이상은 전문의 5장으로 '격물, 치지'의 뜻을 해석하였는데 지금은 없다.

間嘗竊取程子之意하여　以補之하니　日　所謂致知在格物者는　言欲致吾之知인댄　在卽物而窮其理也라.　蓋人心之靈이　莫不有知요　而天下之物이　莫不有理언마는　惟於理에　有未窮이라　故로　其知有不盡也니　是以로　大學始敎에　必使學者로　卽凡天下之物하여　莫不因其已知之理而益窮之하여　以求至乎其極하나니　至於用力之久而一旦豁然貫通焉이면則衆物之表裏精粗가　無不到하고　而吾心之全體大用이　無不明矣리니此謂物格이며　此謂知之至也니라.

최근에 일찍이 정자의 뜻을 삼가 취하여 빠진 부분을 보충했으니 다음과 같다. "이른바 지식을 지극히 하는 것이 사물의 이치를 궁구하는 데 있다는 것은 나의 지식을 지극히 하고자 한다면 사물에 나아가 그 이치를 궁구함에 있음을 말한 것이다. 사람의 마음의 영특함이 앎에 있지 않음이 없고, 천하의 사물은 이치가 있지 않은 것이 없지만 오직 이치에 있어서 궁구하지 않음이 있기 때문에 그 앎이 다하지 못함이 있는 것이다. 이 때문에 대학에서 처음 가르칠 때, 반드시 배우는 자들로 하여금 모든 천하의 사물에 나아가서 이미 알고 있는 이치를 인하여 더욱 궁구해서 그 지극한 데에 이름을 구하지 않음이 없게 하니 힘쓰기를 오래하여 하루아침에 툭 트여 관통한 경지에 이르면 모든 사물의 겉과 속, 정밀함과 거침 등 이르지 않음이 없을 것이며 내 마음의 전체와 큰 쓰임이 밝지 않음이 없을 것이니, 이를 일러 '사물에 이름[格物]'이라고 하며 이를 일러 '앎의 지극함[知之至]'이라고 한다."

【보】원문 '莫不有知'의 '지(知)'는 지각능력을 말한다.
  '단(旦)'은 한국에서 '조(朝)'로 독음하는 것이 일반적이다. 이는 조선을 건국했던 태조 이성계(李成桂)의 개명(改名)이 단(旦)이기 때문에 휘(諱)한 것이다.
  원문 '無不明'은 앎이 지극한 것을 다르게 표현한 것이다.

전6장

【보】팔조목(八條目) 가운데 성의(誠意)를 풀이한 장이다. 생각을 성실하는 하는 것[誠意]은 사물에 이르러 궁구하고[格物] 앎을 지극히 하는 것[致知]을 전제로 하여 성실하게 임하는 것이니 순서를 바꾸거나 공부에 빠짐이 없도록 해야 한다. 특히 '성(誠)'은 『대학』 공부에 있어서 중요 개념이다. 아울러 '신독(愼獨)' 또한 중요한 개념 가운데 하나로 이 장에 나온다. 모두 4절로 구성되어 있다.

所謂誠其意者는 毋自欺也니 如惡(오)惡(악)臭하며 如好好色이 此之謂自謙이니 故로 君子는 必愼其獨也니라.

이른바 그 생각을 성실히 한다는 것은 스스로를 속이지 않는 것이니, 악을 미워하기를 악취를 미워하는 것과 같이 하며, 선을 좋아하기를 아름다운 여인을 좋아하는 것과 같이 하니, 이를 일러 '스스로 만족한다'라고 한다. 그러므로 군자는 반드시 그 홀로 있을 때를 조심한다.

【보】 성(誠)의 반대 개념이 바로 기(欺)이다. 즉 거짓된 마음이 없이 성실하게 하는 것과 자신을 속이는 것은 상반된다. 그러므로 자신을 속이지 않고 성실하게 내면을 닦는 것, 그것이 바로 홀로 있을 때를 삼가는 신독의 개념이다.

'자기(自欺)'는 선을 하고 악을 없애야 하는 것을 알지만 마음이 성실하지 못한 것을 말한다.

'호색(好色)'은 아름다운 여인을 좋아함을 뜻한다.

'겸(謙)'은 겸손이 아니라 '만족하는 것[慊]'이다. 즉 남에게 보이는 것이 아닌 스스로에게 만족하는 것이다.

'신(愼)'은 성(誠)과 같은 뜻이다.

小人閒居에　爲不善호되　無所不至하다가　見君子而后에 厭(엄)然揜其不善하고　而著其善하나니　人之視己　如見其肺 肝然이니　則何益矣리오　此謂誠於中이면　形於外라　故로 君子는　必愼其獨也니라.

소인이 한가롭게 거처할 때에 선하지 못한 일을 하되 이르지 못하는 바가 없다가, 군자를 본 뒤에 겸연쩍게 그 선하지 못함을 가리고 선을 드러내니, 남들이 자기를 보기를 자신의 속을 보듯이 한다면 무슨 유익함이 있겠는가. 이를 일러 '마음에 실재가 있으면 외면에 드러난다.'고 하는 것이다. 그러므로 군자는 반드시 그 홀로 있을 때를 삼가는 것이다.

【보】 이는 스스로 속이는 사람을 예로 들어 경계로 삼아야 함을 강조한 글이다.

'한거(閒居)'는 홀로 거처하는 것으로, 남들이 보지 않는 곳에 거처함을 의미한다.

'무소부지(無所不至)'는 하지 못할 짓이 없음을 뜻하니 악행(惡行)과 같은 말이다.

'안연(厭然)'은 은폐하고 감추는 모양이다. '안(厭)' 자는 '가릴 안' 자로 쓰였다. 사전에 등록된 음은 아니지만 언해본을 비롯하여 구전으로 전해지고 있다.

'폐간(肺肝)'은 뱃속에 있는 장기이니 그 속마음을 의미한다.

'차위(此謂)'에서의 차(此)는 속과 밖이 다른 행위를 말한다.

'성어중(誠於中)'의 성(誠)은 성실이 아닌 실재(實在)이며, 중(中)은 내면을 뜻한다.

원문 '誠於中, 形於外'를 줄여 '성중형외(誠中形外)'라고 한다.

曾子曰 "十目所視며 十手所指니 其嚴乎인저."

증자가 말했다.

"열 눈이 보는 바이며 열 손가락이 가리키는 바이니 그 무섭구나!"

【보】 증자의 말을 인용하여 위 글의 뜻을 밝힌 것이다.

'십목(十目)'과 '십수(十手)'는 많은 사람들을 의미한다. 특히 주위에 많은 사람들이 있기 때문에 신독(愼獨)하지 않을 수 없음을 의미한다.

'소(所)' 자가 이 글에서는 중요하다. 하나의 생각이 움직이는 것이 '그것[所]'이기 때문이다.

'엄(嚴)'은 매우 무섭고 두려움을 뜻한다.

富潤屋이요 德潤身이니 心廣體胖이라 故로 君子는 必誠其意니라.

부는 집을 윤택하게 하고 덕은 몸을 광이 나게 하니, 덕을 갖추면 마음이 넓어지고 몸이 펴지므로, 군자는 반드시 그 생각을 성실하게 한다.

【보】비유를 통해 신독(愼獨)의 공효에 대해 밝히고 있다. 따라서 성의(誠意) 공부가 바로 신독에 있음을 알 수 있다.
　'반(胖)'은 편안하고 구김살 없는 모습이다.
　원문 '必誠其意'에서의 '의(意)'는 우리의 내면으로 실제로 갖는 생각을 가리킨다.

右는 傳之六章이니 釋誠意하니라.

이상은 전문의 6장으로 '성의'를 풀이하였다.

전7장

【보】팔조목(八條目)의 정심(正心)과 수신(修身)에 대해 풀이한 장이다. 역시 앞 장의 성의(誠意)를 실천한 이후에 정심과 수신에 이르는 것이다. 3절로 구성되어 있다.

所謂修身이 在正其心者는 身[心]有所忿懥則不得其正하며 有所恐懼則不得其正하며 有所好樂(요)則不得其正하며 有所憂患則不得其正이니라

이른바 몸을 닦는다는 것이 그 마음을 바르게 한다는 데 있다는 것은 마음에 노여워하는 바가 있으면 그 바름을 얻지 못하고, 두려워하는 바가 있으면 그 바름을 얻지 못하고, 좋아하고 즐기는 바가 있으면 그 바름을 얻지 못하고, 근심하는 바가 있으면 그 바름을 얻지 못한다.

> 【보】 마음이 바르지 못하게 되는 원인을 네 가지 사례를 들어 말하고 있다. 이는 사람의 마음을 흩트리는 순서이니, 분치(忿懥)>공구(恐懼)>호요(好樂)>우환(憂患)이다.
> 　앞서 언급한 것처럼 『대학』 내의 오자(誤字) 두 번째 신(身)자는 마땅히 심(心) 자가 되어야 한다.
> 　'유소(有所)'는 집착을 의미한다. 역시 소(所) 자에 문제가 있다. 즉 '얽매인바' 때문에 마음이 동요되는 것이다.
> 　'분치(忿懥)'는 노여워하는 것을 말한다. 외적으로 화내는 것은 노(怒) 자를 쓰며, 분(忿)은 내면의 화를 의미한다.

心不在焉이면　視而不見하며　聽而不聞하며　食而不知其味니라.

마음이 있지 않으면 보아도 보이지 않으며, 들어도 들리지 않으며, 먹어도 그 맛을 알지 못한다.

> 【보】 마음이 바르지 못하면 이에 그치지 않고 몸을 닦는 일도 할 수 없음에 대한 설명이다. 즉 생각이 이에 있지 않다면 시각, 청각, 미각 등 인간의 생리적 감각기관 마저 느낄 수 없다는 의미이다.

此謂修身이 在正其心이니라.

이것을 일러 '몸을 닦음이 그 마음을 바르게 하는 데 있다.'고 하는 것이다.

右는 傳之七章이니 釋正心修身하니라.

이상은 전문의 7장으로 '정심'과 '수신'을 풀이하였다.

전8장

【보】팔조목(八條目)의 수신(修身)과 제가(齊家)에 대해 풀이하고 있다. 역시 단계가 있으니 예컨대 부모가 자신의 감정을 절제하고 다스려야 만이 집안이 바르게 될 수 있는 것이므로 수신을 해야 제가가 완성된다는 것이다. 모두 3절이다.

所謂齊其家 在修其身者는 人이 之其所親愛而辟(벽)焉하며 之其所賤惡(오)而辟焉하며 之其所畏敬而辟焉하며 之其所哀矜而辟焉하며 之其所敖惰而辟焉하나니 故로 好而知其惡(악)하며 惡(오)而知其美者 天下에 鮮矣니라.

이른바 그 집안을 가지런히 하는 것이 몸을 닦는 데 있다는 것은 사람들이 가깝게 지내고 사랑하는 데에서 편벽되고, 천하게 여기고 미워하는 데에서 편벽되고, 두려워하고 공경하는 데에서 편벽되고,

슬퍼하고 불쌍히 여기는 데에서 편벽되고, 오만하고 게으른 데에서 편벽되니, 그러므로 좋아하면서도 그의 나쁨을 알며 싫어하면서도 그의 아름다움을 아는 자가 천하에 적은 것이다.

> 【보】 자신의 몸을 수양하지 못하게 되는 원인에 대해 말하고 있다. 예컨대 형제간의 경우 친애하는 바에 빠져 때로는 시비를 따지지 않고, 지위가 낮은 사람의 경우 그를 무시하거나 미워하여 중도를 잃으며, 경외하고 존경해야 할 어른의 경우 지나친 아유구용에 이르기도 하고, 생활이 어려운 사람을 지나치게 동정한 나머지 법을 넘어서기도 하며, 자신보다 못한 사람에게는 오만함을 보이기도 하니 이 모두가 자신을 다스리지 못한 경우이다.
> '인(人)'은 '중인(衆人)'의 축약형이다.
> '지(之)'는 '어(於)'와 같다. 발어조사(發語助詞)이다.
> '벽(辟)'은 편벽된 행위를 말한다.

故로 諺有之하니 日 '人莫知其子之惡하며 莫知其苗之碩이라.'하니라.

그러므로 속담에 이런 말이 있으니 '사람들이 그 자식의 잘못을 알지 못하며, 그 싹의 큼을 알지 못한다.'라고 한 것이다.

> 【보】 속담을 통해 몸이 닦여지지 않으면 집안이 잘 다스려 질 수 없음을 증명하고 있다. 즉 잘못된 지식이나 인식은 격물(格物)과 치지(致知)를 하지 못함을 의미한다. 자식의 단점을 알지 못하고 제 농사 큰 줄을 모른다면 수신을 할 수 없으니, 이는 곧 제가를 하지 못함을 의미한다.
> '기(其)'는 모두 '자기[自]'를 말한다.
> '묘(苗)'는 농사(農事)를 의미한다.

此謂身不修면 不可以齊其家니라.

이를 일러 '몸이 닦아지지 않으면 그 집안을 가지런히 하지 못한다.'는 것이다.

【보】결론에 해당하며 전언한 것처럼 제 한 몸 건사하지 못하면 집안을 다스릴 수 없음을 강조하고 있다.

右는 傳之八章이니 釋修身齊家하니라.

이상은 전문의 8장으로 '수신'과 '제가'를 풀이하였다.

전9장

【보】팔조목(八條目) 가운데 제가(齊家)와 치국(治國)에 대해 설명하고 있다. 나라를 다스리는 데 있어 기본은 집안을 다스리는 데 있다. 즉 국가의 교육이란 가정교육에서 벗어나지 않는다는 뜻이다. 모두 9절이다.

所謂治國이 必先齊其家者는 其家를 不可敎오 而能敎人者無之하니 故로 君子는 不出家而成敎於國하나니 孝者는 所以事君也요 弟者는 所以事長也요 慈者는 所以使衆也니라.

이른바 나라를 다스림에 반드시 먼저 그 집안을 가지런히 한다는 것은, 그 집안의 사람을 가르치지 못하고 능히 남을 가르치는 자는 없다는 것이다. 그러므로 군자는 집안을 벗어나지 않고 나라의 교육을 이루는 것이니, 효는 군주를 섬기는 것이고, 제는 어른을 섬기는 것이며, 자는 모든 백성들을 부리는 것이다.

【보】원문 '不出家而成教於國'이 이 글의 핵심이다. 즉 가정교육에서 벗어나지 않고 국가의 교육이 완성된다. 또한 효(孝), 제(弟), 자(慈) 모두 자신의 몸을 닦아 집안을 가르치는 것이니, 수신의 핵심이 된다. 요컨대 개인에게 있어서는 명명덕(明明德)을 실천해야 하며, 사회에 있어서는 신민(新民)을 해야 한다.
　'기가(其家)'는 자신의 집을 가리킨다.
　'교인(敎人)'에서의 '인(人)'은 가족을 제외한 사람을 지칭하니 나라 안의 사람을 의미한다.
　'출가(出家)'에서의 출(出) 자가 '벗어나다'는 뜻이니 유의하여 해석해야만 한다.

康誥曰 '如保赤子라.'하니　心誠求之면　雖不中이나　不遠矣니　未有學養子而后嫁者也니라.

「강고」에 '갓난아기를 보호하듯이 한다.' 하였으니, 마음에 진실로 구하면 비록 적중은 아니지만 멀지는 않을 것이다. 자식 기르는 것을 배운 뒤에 시집가는 자는 있지 않다.

【보】앞 절의 효(孝), 제(弟), 자(慈) 가운데 자(慈) 하나만을 예로 들어 나머지 효와 제까지 아울러 말하고 있다.
　『서경』「주서(周書)」「강고(康誥)」 제9장에 "王曰 嗚呼, 封. 有敍, 時乃大明服, 惟民, 其勑懋和. 若有疾, 惟民, 其畢棄咎, 若保赤子, 惟民, 其康乂."라고 하였다.
　'적자(赤子)'는 '핏덩어리'라는 말로 '갓난아기'를 말한다.

'심(心)'은 모성애와 같으니 이는 인간의 본성이다. 교육보다 본성이 더 강함을 의미한다.

'성(誠)'은 진심을 다하는 것을 의미한다.

'중(中)'은 '적중'의 뜻으로 갓난아기의 마음에 딱 맞음을 의미한다.

'학(學)'은 앞의 '심(心)'의 상대어로 후천적 학습을 말한다.

一家仁이면 一國興仁하고 一家讓이면 一國興讓하고 一人貪戾하면 一國作亂하나니 其機如此하니 此謂一言僨事며 一人定國이니라.

온 가족이 어질면 온 나라의 사람들이 어진 풍속을 일으키고, 온 가족이 양보하면 온 나라의 사람들이 양보하는 풍속을 일으킨다. (반면) 한 사람이 탐욕을 부리고 도리를 위배하면 한 나라가 난을 일으키니 그 기틀이 이와 같다. 이를 일러 '한 마디 말이 일을 그르치며, 한 사람이 나라를 안정시킨다.'고 하는 것이다.

【보】 실제 국가교육으로 연결된 효용에 대해 말하고 있다. 즉 집안이 다스려지면 나라가 절로 교화됨을 말한다.

'흥(興)'은 그러한 기풍이 일어남을 뜻한다.

'일인(一人)'은 '임금'을 지칭한다.

'작(作)'은 '흥(興)'과 같은 뜻이나 부정적이게 쓰였다.

'기(機)'는 본래 '쇠뇌의 방아쇠'를 말한다. 따라서 '결정권'을 의미하는 말로 쓰인 것이다.

'차위(此謂)'는 '옛말에'라는 뜻이다.

'분(僨)'은 전복시킴을 말한다.

堯舜이 帥(솔)天下以仁하신대 而民이 從之하고 桀紂 帥

天下以暴(포)한대   而民이   從之하니   其所令이   反其所好면
而民이   不從하나니   是故로   君子는   有諸己而後求諸人하
며   無諸己而後非諸人하나니   所藏乎身이   不恕요   而能喩
諸人者   未之有也니라.

　　요임금과 순임금이 천하를 어짊으로써 거느리자 백성이 따랐고,
걸왕과 주왕이 천하를 포악함으로써 거느리자 백성이 따랐으니, 그
명령하는 바가 자기 군주의 좋아하는 바와 반대되면 백성이 따르지
않는다. 이러한 까닭에 군자는 자기 몸에 선을 갖춘 뒤에 남들에게
선을 요구하며, 자기 몸에 악이 없는 뒤에 남들의 악을 비난하는 것
이다. 자기 몸에 간직하고 있는 것이 미루어 가지 못하고서 능히 남
을 깨우치는 자는 있지 않다.

　　【보】 수신(修身)과 제가(齊家)와 치국(治國)을 잘 실천한 인물
　　을 요임금과 순임금을 언급하며 표본으로 삼은 글이다. 특히 자
　　기 몸에 선이 있는 뒤에 남들에게 선을 요구할 수 있고, 자기
　　몸에 악이 없는 뒤에 남의 악을 바로잡을 수 있으니, 이는 모두
　　자기를 미루어 남에게 미치는 것[恕]이다.
　　　'포(暴)'는 앞 절의 탐려(貪戾)의 다른 표현이다.
　　　'기소령(其所令)'은 말[言, 口]을 의미한다.
　　　'유저기(有諸己)'는 '유선저기(有善諸己)'와 같은 말로 선(善) 자
　　가 생략된 형태이고, '무저기(無諸己)'는 '무악저기(無惡諸己)'와
　　같은 말로 악(惡) 자가 생략된 형태이다.
　　　'비(非)'는 '비난하다'의 뜻으로 쓰였다.
　　　'서(恕)'는 충(忠)과 더불어 유학에서 중요한 개념 가운데 하나
　　다. '추기급인(推己及人)' 즉 자기를 미루어 남에게 영향을 끼치
　　는 것을 서(恕) 한 글자로 표현한 것이다.
　　　'유(喩)'는 '깨우치다'는 뜻이다.

故로 治國이 在齊其家니라.

그러므로 나라를 다스리는 것은 그 집안을 가지런히 하는 데 있는 것이다.

【보】 위의 절들에 대한 결론이다.

詩云 '桃之夭夭여 其葉蓁蓁이로다. 之子于歸여 宜其家 人이라.'하니 宜其家人而后에 可以敎國人이니라.

『시경』에 '복숭아꽃이 예쁘고 예쁨이여, 그 잎이 무성하구나! 이 아가씨의 시집감이여, 그 집안 식구들에게 잘한다.' 하였으니, 그 집안 식구에게 잘한 이후에 나라 사람들을 가르칠 수 있는 것이다.

【보】 집안을 가지런히 하고 나라를 다스리는 도를 『시경』을 인용하여 증명하고 있다. 이후로 두 번 『시경』을 인용하고 있는데 각기 차례가 있다. 부인은 사랑이 치우치기 쉬워 교육하기가 가장 어렵기 때문에 여기에서 먼저 말하고 있다. 다음 절은 형제에 대해, 그리고 마지막 절은 제후에 대해 언급함으로써 집안으로부터 국가에 이름을 말하고 있는 것이다.
『시경』 「주남(周南)」 「도요(桃夭)」에 보이니, 문왕과 후비의 덕화를 입어 어진 덕을 이룬 여인에 대해 찬미한 시이다.
'요요(夭夭)'는 어리고 예쁜 모양이며, '진진(蓁蓁)'은 아름답고 성한 모양이다. 한문에서의 첩자(疊字)는 대개 의태어(擬態語)이거나 의성어(擬聲語)이다.
'지자(之子)'에서의 '지(之)'는 '시(是)' 자와 같다.

'귀(歸)'는 아가씨가 시집을 가는 것을 말한다.

'의(宜)'는 '선(善)'과 의미가 같은 글자로, '잘하다'의 뜻이다.

'기가(其家)'는 '시집(댁)'을 가리키며 '그 식구들'이라는 말이다.

'이후(而后)'는 어떤 일을 하고 난 이후를 말하니, 여기서는 그만큼 잘 하기가 어렵다는 뜻을 내포하고 있다.

詩云 '宜兄宜弟라.'하니 宜兄宜弟而后에 可以敎國人이니라.

『시경』에 '형에게도 잘하고, 아우에게도 잘한다.'라고 했으니, 형에게 잘하고 아우에게 잘한 이후에 나라 사람들을 가르칠 수 있는 것이다.

【보】 부인이 사랑이 편벽되어 가르치기 어렵다면, 형제는 혈육이라는 인정에 편벽되어 역시 가르치기 어렵다. 형제에게 잘하는 사람이라면 또한 나라의 사람들을 가르칠 수 있다.

『시경』「소아(小雅)」「요소(蓼蕭)」에 "蓼彼蕭斯, 零露泥泥. 旣見君子, 孔燕豈弟. 宜兄宜弟, 令德壽豈."라고 하였다. 이는 천자가 제후를 위하여 잔치를 베풀면서 노래한 시이다.

앞 절과 마찬가지로 '이후(而后)'에 어려움의 뜻이 담겨 있다.

詩云 '其儀不忒이라 正是四國이라.'하니 其爲父子兄弟足法而后에 民法之也니라.

『시경』에 '그 위의가 어그러지지 않기에 이 사방 나라를 바르게 한다.'라고 했으니, 그 부자와 형제 된 자가 충분히 본받을 만한 이후에 나라의 사람들이 그를 본받는 것이다.

【보】 제가(齊家) 이후에 치국(治國)을 할 수 있음을 『시경』을 통해 입증하고 있다.

『시경』 「조풍(曹風)」 「시구(鳲鳩)」에 "鳲鳩在桑, 其子在棘. 淑人君子, 其儀不忒. 其儀不忒, 正是四國."라고 했으니, 이는 제후를 찬미한 시이다.

'특(忒)'은 어그러짐이다. 따라서 '불특(不忒)'은 '족법(足法)'과 같은 말이다.

此謂治國이 在齊其家니라.

이를 일러 '나라를 다스림이 그 집안을 가지런히 하는 데 있다.'는 것이다.

右는 傳之九章이니 釋齊家治國하니라.

이상은 전문의 9장으로 '제가'와 '치국'을 풀이하였다.

전10장

【보】 이 장은 '치국(治國)'과 '평천하(平天下)'에 대해 풀이하였다. 『대학』 전체 장 가운데 가장 긴 글이며, 모두 23절이다.

所謂平天下 在治其國者는 上老老而民이 興孝하며 上長長而民이 興弟하며 上恤孤而民이 不倍(패)하나니 是以로 君子는 有絜矩之道也니라.

이른바 천하를 평안하게 하는 것이 그 나라를 다스리는 데 있다는 것은, 윗사람이 늙은이를 늙은이로 대우하면 백성이 효의 풍속을 일으키고, 윗사람이 어른을 어른으로 대우하면 백성이 공경하는 풍속을 일으키며, 윗사람이 고아를 구휼하면 백성이 배신하지 않는다. 이러한 까닭에 군자는 혈구의 도가 있는 것이다.

【보】 윗사람이 효도, 공경, 구휼 등 훌륭한 덕목을 실천한다면 백성은 이를 본받는다는 말이다.

'상(上)'은 천자(天子) 내지 위정자를 지칭한다.

'노로(老老)'는 『맹자(孟子)』「양혜왕 상(梁惠王上)」 제7장에 "내 노인을 부친처럼 존경한다.[老吾老, 以及人之老]"라고 한 것과 뜻이 통한다.

'고(孤)'는 나이가 어린데도 키워줄 사람이 없는 자를 지칭한 말이다. 따라서 '휼고(恤孤)'는 자(慈)의 다른 표현이니 효제자(孝弟慈)의 강조가 여기에서 다시 나타나고 있다.

'패(倍)'는 '등질 패[背]' 자로 쓰였다.

'구(矩)'는 네모진 것을 만드는 도구로, 오늘날 삼각자와 같은 것을 말한다. 따라서 '혈구의 도'라는 것은 세상의 똑같은 마음을 가리키는 것으로 여기서는 효제자(孝弟慈)를 지칭한다.

所惡(오)於上으로 毋以使下하며 所惡於下로 毋以事上하며 所惡於前으로 毋以先後하며 所惡於後로 毋以從前하며 所惡於右로 毋以交於左하며 所惡於左로 毋以交於右가 此之謂絜矩之道니라.

윗사람에게서 싫었던 것으로써 아랫사람을 부리지 말며, 아랫사람에게서 싫었던 것으로써 윗사람을 섬기지 말며, 앞사람에게서 싫었던 것으로써 뒷사람에게 가하지 말며, 뒷사람에게서 싫었던 것으로써 앞

사람에게 따르지 말며, 오른쪽에게서 싫었던 것으로써 왼쪽에게 사귀지 말며, 왼쪽에게서 싫었던 것으로써 오른쪽에게 사귀지 말 것이니, 이를 일러 혈구의 도라고 하는 것이다.

【보】위 글의 '혈구(絜矩)' 두 글자의 뜻을 반복하여 해석한 것으로 그 표본을 제시하고 있다. 예컨대 군신과 같은 상하(上下)의 관계, 선후배와 같은 전후(前後)의 관계, 동료와 같은 좌우(左右)의 관계에 있어서 모두 혈구의 도가 적용된다는 의미이다. 오늘날의 역지사지(易地思之)나 추기급인(推己及人)이 모두 이에 해당된다고 할 수 있다.

詩云 '樂只君子여 民之父母라.'하니 民之所好를 好之하며 民之所惡(오)를 惡之가 此之謂民之父母니라.

『시경』에 '즐거운 군자여, 백성의 부모이다.'라고 했으니, 백성이 좋아하는 것을 좋아하며, 백성이 싫어하는 것을 싫어하는 것, 이를 일러 백성들의 부모라고 하는 것이다.

【보】백성이 좋아하는 것을 좋아하고, 싫어하는 것을 싫어하는 것이 바로 위정자의 법도[矩]임을 『시경』을 통해 입증하고 이를 보충하고 있다. 즉 백성의 마음으로써 자기의 마음을 삼는다면, 백성을 사랑하기를 자식과 같이 하는 것이니, 백성도 사랑하기를 부모와 같이 하게 된다는 말이다. 이것이 바로 혈구의 도를 잘 실천했을 때의 효험이다.
『시경』「소아(小雅)」「남산유대(南山有臺)」에 " 南山有杞, 北山有李. 樂只君子, 民之父母. 樂只君子, 德音不已."라는 했다.
'지(只)'는 어조사이다.
'민(民)'은 '자(子)'의 뜻으로 봐도 무방하다.
'소호(所好)'는 대개 인간이라면 늘 원하는 부유함[富], 신분의 귀함[貴], 장수[壽] 등을 말한다.

詩云 ‘節彼南山이여 維石巖巖이로다. 赫赫師尹이여 民具爾瞻이라.’하니 有國者는 不可以不愼이니 辟則爲天下僇矣니라.

『시경』에 ‘우뚝한 저 남산이여, 바위가 우뚝 솟았구나. 광채나는 태사 윤씨여, 백성은 모두 당신을 바라본다.’라고 했다. 국가를 소유한 자는 조심하지 않으면 안 되니 편벽되면 천하의 사람들에게 죽음을 당하게 된다.

【보】 앞 절이 혈구지도를 실천했을 때 효험이라면, 이 절은 혈구지도를 제대로 실행하지 못하여 몸은 시해되고 나라가 망함에 이르게 될 것이라는 폐단에 대해 지적하고 있다.
『시경』「소아(小雅)」「절남산(節南山)」에 “節彼南山, 維石巖巖. 赫赫師尹, 民具爾瞻. 憂心如惔, 不敢戲談, 國旣卒斬, 何用不監.”라고 했다.
‘절(節)’은 높고 큰 모양으로 절(絶), 절(截) 자와 통용된다.
‘암암(巖巖)’은 우뚝 솟은 모양이다.
‘혁혁(赫赫)’은 광채나는 모양이다.
‘사윤(師尹)’은 주(周)나라 태사(太師)인 윤씨(尹氏)라는 설과, 주나라의 대신(大臣)이라는 설이 있다.
‘구(具)’는 ‘구(俱)’ 자의 뜻으로 통가자(通假字)이다.

詩云 ‘殷之未喪師엔 克配上帝러니 儀[宜]監于殷이어다. 峻命不易(이)라.’하니 道得衆則得國하고 失衆則失國이니라.

『시경』에 '은나라가 민중을 잃지 않았을 때에는 능히 상제에게 짝했으니 마땅히 은나라를 거울로 삼아야 한다. 큰 명을 보존하기가 쉽지 않다.'라고 했으니, 민중을 얻으면 나라를 얻고 민중을 잃으면 나라를 잃음을 말씀한 것이다.

【보】앞서 두 번의 『시경』에서 혈구지도를 실행했을 때와 제대로 실행하지 못했을 때를 언급했다면, 이 절은 이에 대한 결론에 해당된다.

『시경』「대아(大雅)」「문왕(文王)」에 "無念爾祖, 聿修厥德. 永言配命, 自求多福. 殷之未喪師, 克配上帝, 宜鑑于殷, 駿命不易."라고 했다.

'사(師)'는 '민중(民衆)'의 뜻이다.

'배(配)'는 대하는 것으로, 천하의 군주가 되어 상제께 대하는 것을 말한다.

'의(儀)'는 '마땅하다[宜]'의 뜻으로 쓰였다.

'준(峻)'은 '크다[大]'의 뜻이니, 준명(峻命)은 천명과 같다.

'도(道)'는 '말하다[言]'의 뜻으로 쓰였다.

是故로 君子는 先愼乎德이니 有德이면 此有人이요 有人이면 此有土요 有土면 此有財요 有財면 此有用이니라.

이런 이유로 군자는 먼저 덕을 삼가는 것이니, 덕이 있으면 이 백성을 얻을 수 있고, 백성이 있으면 이 토지를 얻을 수 있고, 토지가 있으면 이 재물을 얻을 수 있고, 재물이 있으면 이 쓰임을 얻을 수 있다.

【보】백성이 좋아하는 것 가운데 재물만한 것도 드물다. 따라서 호오(好惡) 가운데 재화를 먼저 들어 말하고 있다. 즉 위정자는 반드시 마음을 조심하며 덕을 갖춘다면 백성을 얻을 수 있

고, 백성을 얻으면 토지(국토)를 얻을 수 있고, 토지를 얻으면 재물을 얻을 수 있고, 재물이 있다면 쓸 수 있다.

'군자(君子)'는 위정자(爲政者)를 말한다.

'덕(德)'은 '명덕(明德)'을 뜻하고 이는 곧 마음[心]을 지칭한다.

'유인(有人)'은 민중을 얻음[得民]을 의미하니, 유(有) 자는 득(得)의 뜻이고, 인(人) 자는 민(民)의 뜻이다.

'용(用)'은 재화를 쓰는 것을 말한다.

德者는 本也요 財者는 末也니,

덕은 근본이고, 재물은 지엽적인 것이다.

【보】 덕을 삼간다면 재물이 저절로 따른다. 따라서 덕은 천하를 평안히 하는 근본이며, 재물은 이에 따르는 것이므로 지엽적인 것이다.

外本內末이면 爭民施奪이니라.

근본을 밖으로 하고 지엽적인 것을 안으로 하면 백성을 다투게 하여 강탈하도록 만드는 것이다.

【보】 원문 '外本內末'의 주어는 '임금'이다. 즉 임금이 덕을 근본으로 삼지 않고, 지엽적인 재물만을 추구한다면, 백성은 이를 본받아 역시 강탈하는 일을 저지르게 될 것이니, 임금의 덕이 근본임을 재차 밝히고 있다.

是故로 財聚則民散하고 財散則民聚니라.

이런 까닭에 재물이 모이면 백성이 흩어지고, 재물이 베풀어지면 백성이 모이는 것이다.

【보】 근본인 덕을 도외시하고 지엽적인 재물을 추구하기 때문에 재물이 모여지는 것이며, 백성을 다투게 하여 빼앗는 가르침을 베풀었기 때문에 백성이 흩어지는 것이다.
'재산(財産)'의 산(散)'은 '베풀다'의 뜻이다.

是故로   言悖而出者는   亦悖而入하고   貨悖而入者는   亦悖 而出이니라.

이런 이유로 말이 도리에 어긋나게 나간 것은 또한 도리에 어긋나게 들어오고, 재물이 도리에 어긋나게 들어온 것은 또한 도리에 어긋나게 나가는 것이다.

【보】 말씀과 재물을 이용하여 혈구의 도를 실천한 자와 실천하지 못한 자를 밝히고 있다.
'언패(言悖)'는 거슬리는 말, 듣기 싫은 말 등을 뜻한다. 여기서의 '패(悖)'는 어그러진 것을 말한다.
'화패(貨悖)'는 부정하게 모은 재물을 뜻한다.
'도리에 어긋나게 나간다'는 말은 백성이 임금의 재물을 도리어 강탈한다는 것이다.

康誥에   曰 '惟命은   不于常이라.'하니   道善則得之하고   不 善則失之矣니라.

「강고」에 '천명은 일정한 곳에 하지 않는다.' 하였으니, 선하면 얻고, 불선하면 잃음을 말한 것이다.

【보】『서경』을 인용하여 앞서 '선신(先愼)'부터 '언패(言悖)'까지의 절을 결론짓고 있다.
『서경』「주서(周書)」「강고(康誥)」제23장에 "王曰 嗚呼, 肆汝小子封, 惟命, 不于常, 汝念哉, 無我殄享, 明乃服命, 高乃聽, 用康乂民.[왕이 말했다. '아! 너 소자 봉아! 천명은 일정하지 않으니, 너는 생각하여 내가 나라를 누리게 해준 것을 끊지 말아서 너의 복명을 밝히고 너의 듣는 거슬 높여 백성들을 편안히 다스려라.']"라고 했다.
'명(命)'은 천명(天命)이다.
'도(道)'는 '말할 도' 자로 쓰였다.
'득지(得之)'의 '지(之)'는 천명을 가리킨다.

楚書曰 '楚國은 無以爲寶요 惟善을 以爲寶라.' 하니라.

「초서」에 '초나라는 보배로 삼을 것이 없고, 오직 선한 사람을 보배로 삼는다.'라고 했다.

【보】왕손어(王孫圉 - 혹은 왕손본(王孫本))가 진(晉)나라에 사신으로 갔을 때, 진나라 조간자(趙簡子)와의 대화에서 했던 말이다. 이는 '근본을 밖으로 하고 지엽적인 것을 안으로 한다'는 외본내말(外本內末)의 불가함에 대해 한 말이다. 의미는 금옥을 보배로 여기지 않고 선한 사람을 보배로 여김을 말한 것이다.
'초서(楚書)'는『국어(國語)』의「초어(楚語)」를 말한다.
'이위(以爲)'는 가치개념을 의미한다.
'선(善)'은 선인(善人)으로 훌륭한 인재를 뜻한다.

舅犯曰 '亡人은 無以爲寶요 仁親을 以爲寶라.' 하니라.

구범이 '도망 온 사람은 보배로 여길 것이 없고, 어버이를 사랑하는 것을 보배로 여긴다.'라고 했다.

【보】구범이 진(秦)나라의 사신을 맞이한 공자(公子 - 晉 文公)에게 어떻게 처신하고 대처해야 하는지 일러 준 말이다. 즉 앞서 외본내말(外本內末)의 불가함을 밝힌 말이다.
'구범(舅犯)'은 진(晉)나라 문공(文公)의 외삼촌 호언(狐偃)이다.
'망인(亡人)'은 문공이 당시 공자(公子)가 되어 외국으로 나가 망명하여 밖에 있었기 때문에 그렇게 표기한 것이다.

秦誓曰 '若有一个臣이 斷斷兮여 無他技나 其心이 休休焉한대 其如有容焉이라. 人之有技를 若己有之하며 人之彦聖을 其心好之하야 不啻若自其口出이면 寔能容之라 以能保我子孫黎民이니 尙亦有利哉인저. 人之有技를 媢疾以惡(오)之하며 人之彦聖을 而違之하야 俾不通이면 寔不能容이라 以不能保我子孫黎民이니 亦曰殆哉인저.'

「진서」에 '만약 어떤 한 신하가 한결같고 다른 재주가 없지만, 그 마음이 고와 그가 용납하는 것이 있는 듯하여 남의 재주를 마치 자기가 그것을 소유한 것처럼 하며, 남의 훌륭하고 성스러움을 그 마음에 좋아하는 것이 마치 자기의 입에서 나온 것에 그치지 않는다면, 진실로 능히 남을 포용하는 것이므로 능히 나의 자손과 백성을 보전할 것이니 거의 또한 이로움이 있을 것이다. 남이 소유한 재주를 시기하고 미워하며, 남의 훌륭하고 성스러움을 방해하여 그로 하여금 통하지

못하게 하면, 이는 능히 남을 포용하지 못하는 것이므로 나의 자손과
백성을 보전하지 못할 것이니 또한 위태로울 것이다.'라고 했다.

【보】임금이 좋아하고 미워해야 할 대상을 어떻게 처신해야
하는지 그에 대한 근본에 대해 말하고 있다.
　　'진서(秦誓)'는 주서(周書)를 가리킨다. 『서경』「주서(周書)」「
진서(秦誓)」에 "昧昧我思之, 如有一介臣, 斷斷猗無他技, 其心, 休
休焉, 其如有容. 人之有技, 若己有之, 人之彦聖, 其心好之, 不啻
如自其口出, 是能容之. 以保我子孫黎民, 亦職有利哉."라고 했다.
　　'단단(斷斷)'은 정성스럽고 한결같은 모양이다.
　　'무타기(無他技)'는 무능해 보임을 의미한다.
　　'언성(彦聖)'은 덕을 갖춘 사람을 말한다.
　　'불시(不啻)'는 '부지(不止)'와 같은 뜻이다.
　　'상(尙)'은 '서기(庶幾)'의 의미이다.
　　'위(違)'는 '방해하다'는 뜻으로 쓰였다.

**唯仁人이아　放流之하야　迸諸四夷하야　不與同中國하나
니　此謂唯仁人이아　爲能愛人하며　能惡(오)人이니라.**

　오직 어진 사람이어야 이들(위태로운 인물)을 추방하여 유배하되
사방 오랑캐의 땅으로 내쫓아 더불어 중국에 함께 하지 않으니, 이를
일러 '오직 어진 사람이어야 능히 남을 사랑하며, 능히 남을 미워한
다.'고 하는 것이다.

【보】오직 어진 사람만이 천하를 평안히 할 수 있음을 밝히고
있다. 아울러 대중을 위해 무조건적인 포용은 안 됨을 말하고
있다.
　　'방류지(放流之)'에서의 '지(之)'가 지칭하는 것은 앞 절에서 등

장한 위태로운 인물이다.

'병(迸)'은 '물리칠 병' 자로 쓰였다.

'사이(四夷)'는 '사방의 오랑캐'에서 파생하여 '아주 멀리'의 뜻
으로 쓰였다.

**見賢而不能擧하며　擧而不能先이　命[慢]也요　見不善而
不能退하며　退而不能遠이　過也니라.**

어진 사람을 알아보고도 능히 들어 쓰지 못하고 등용해도 먼저 하
지 못하는 것이 태만이며, 불선한 사람을 보고도 능히 물리치지 못하
고 물리친다 해도 멀리하지 못하는 것이 잘못이다.

【보】 앞 절에서 오직 어진 자만이 나라를 평안히 할 수 있음
을 강조했다면, 여기서는 앞 절의 능(能) 자와 상대되는 불능(不
能)을 사용하여 어질지 못한 자의 모습을 지적하고 있다.

'견(見)'은 어진이를 알아 보는 것을 의미한다.

'명(命)'은 '만(慢)' 자 혹은 '태(怠)' 자가 맞다. 이것이 『대학』에
서의 세 번째 오자(誤字)이다.

**好人之所惡(오)하며　惡(오)人之所好를　是謂拂人之性이라
菑必逮夫身이니라.**

남들의 미워하는 것을 좋아하고 남들의 좋아하는 것을 미워하는
것을, 이를 일러 인간의 성품을 어긴다고 하는 것이다. 이러한 자는
재앙이 반드시 그 몸에 미칠 것이다.

【보】사람이 선을 좋아하고 악을 미워하는 것은 하늘에게 부여받은 본성이다. 그러므로 이를 어기는 것은 불인함이 지극한 것이니 반드시 죽음에 이르게 될 것이다.

'인(人)'은 '민(民)'으로 백성을 말한다.

'불(拂)'은 '어길 불' 자로 쓰였다.

'치(菑)'는 '재앙 재(災)' 자의 고자(古字)이다.

是故로 君子 有大道하니 必忠信以得之하고 驕泰以失之니라.

이런 까닭에 군자에게는 커다란 도가 있으니 반드시 충과 신으로써 얻고 교만함과 방자함으로써 잃는다.

【보】전10장 안에 득실을 세 번 인용하고 있으니, 첫째 "道得衆則得國, 失衆則失國." 둘째, "道善則得之, 不善則失之矣." 셋째 "忠信以得之, 驕泰以失之."이 그것이다. 이는 위정자가 해야 할 일로써 그 차례가 있음에 유의해야 한다.

'군자(君子)'는 지위로 말한 것이니 여기서는 임금을 지칭한다.

'대도(大道)'는 '커다란 원칙'이니, 임금이 지위에 거하여 자신을 닦고 남을 다스리는 방법을 말한다.

'충(忠)'은 자기 마음을 스스로 다하는 것을 말하고, '신(信)'은 남을 따라 어기는 것이 없음을 말한다.

'교(驕)'는 자랑하고 높은 체하는 것이고, '태(泰)'는 사치하고 방자한 것이다.

生財 有大道하니 生之者 衆하고 食之者 寡하며 爲之者 疾하고 用之者 舒하면 則財恒足矣리라.

재물을 생산하는 데에 좋은 방법이 있으니, 생산하는 자가 많고 먹

는 자가 적으며, 재물을 위해 일하는 것을 빨리 하고 쓰기를 느리게
하면, 재물이 늘 넉넉할 것이다.

【보】 이는 경제의 중요성과 그 공효에 대해 말하고 있다. 『맹
자』에도 경제를 우선시하고 도의 공부를 뒤로 했으니[先經濟後
道義] 경제활동이란 인간 생활에 있어서 결코 무시할 수 없는
것이다.
'생지자(生之者)', '식지자(食之者)', '위지자(爲之者)', '용지자(用
之者)'에서 지(之) 자가 가리키는 것은 모두 재(財)이다. 그중 '위
지자(爲之者)'는 '재물을 위해 일을 하는 자'의 뜻이다.
'도(道)'는 '방법'의 뜻으로 쓰였다.
'질(疾)'은 '빠르다'의 뜻이다.

仁者는 以財發身하고 不仁者는 以身發財니라.

어진 사람은 재물로써 몸을 일으키고, 불인한 사람은 몸으로써 재
물을 일으킨다.

【보】 어진 사람은 재물을 풀어서 백성과 함께 하기 때문에 백
성을 얻을 수 있고, 불인한 사람은 그 반대로 한다. 실제 어진
사람을 강조한 말이며 뒤의 구절은 크게 의미를 두지 않는 대
래설(帶來說)로 쓰였다.
'발(發)'은 '기(起)' 자와 같다.

未有上好仁而下不好義者也니 未有好義오 其事不終者
也며 未有府庫財 非其財者也니라.

윗사람이 인을 좋아하는 데에도 아랫사람들이 의를 좋아하지 않는

자는 있지 않으니, 아랫사람들이 의를 좋아하고서 그 국사를 끝마치지 못하는 경우가 없으며, 창고의 재물이 그 윗사람의 재물이 아닌 경우가 없다.

> 【보】 윗사람이 경제활동을 잘하여 재물을 백성에게 나누어 주며 함께한다면 다시 임금에게로 재물이 돌아온다는 의미이다.
> 원문 '未有好義'은 '未有(民)好義'처럼 민(民) 자가 생략된 형태이다.
> '사(事)'는 국사(國事)를 말한다.
> '부고(府庫)'는 임금의 창고와 그 안의 재물을 가리킨다.

孟獻子曰 '畜(휵)馬乘은 不察於鷄豚하고 伐冰之家는 不畜牛羊하고 百乘之家는 不畜聚斂之臣하나니 與其有聚斂之臣으론 寧有盜臣이라.'하니 此謂國은 不以利爲利요 以義爲利也니라.

맹헌자가 '네 마리 말을 기르는 대부는 닭과 돼지를 보살피지 않고, 얼음을 켜는 경대부 이상은 소와 양을 기르지 않고, 백승의 식읍을 소유한 집에서는 세금을 많이 거두는 신하를 기르지 않으니, 세금을 많이 걷는 신하를 기를 바에는 차라리 도둑질하는 신하를 두라.'라고 말했다. 이를 일러 '나라는 이로움으로써 이로움을 삼지 않고 의로써 이로움을 삼는다.'는 것이다.

> 【보】 의리로써 이익을 살펴야 한다는 뜻이다. 즉 진정한 위정자란 자신의 위치에서 의리로 이익을 살펴야 하지 자신의 삿된 이익을 추구해서는 안 됨을 밝히고 있다.

'맹헌자(孟獻子)'는 노(魯)나라 대부(大夫)인 중손멸(仲孫蔑)을 가리킨다. 어진 사람으로 알려져 있다.

'마승(馬乘)'에서의 '승(乘)'은 '네 마리'를 가리킨다. 사(士)가 처음 등용되어 대부(大夫)가 된 자를 의미한다.

'벌빙지가(伐冰之家)'는 초상(初喪)과 제사(祭祀)에 쓰는 얼음을 소유한 자로 경대부 이상인 자이다.

'백승지가(百乘之家)'는 수레 백 대를 놓을 수 있는 식읍을 소유한 자이다.

'여(與)~녕(寧)'은 '~라기 보다 차라리~'라는 뜻으로 쓰이는 관형어이다.

長國家而務財用者는　必自小人矣니　彼(爲善之)小人之使
爲國家면　菑害並至라　雖有善者라도　亦無如之何矣리니　此
謂　國은　不以利爲利요　以義爲利也니라.

국가에 어른이 되어 재용을 힘쓰는 자는 반드시 소인으로부터 시작되니, 저 소인으로 하여금 국가를 다스리게 하면 천재와 인해가 함께 이르러, 비록 잘하는 자가 있더라도 또한 어쩔 수가 없는 것이다. 이것을 일러 '나라는 이를 이익으로 여기지 않고, 의를 이로움으로 여긴다.'는 것이다.

【보】 세금을 많이 걷는 신하를 두었을 경우에 일어나는 화에 대해 말하고 있다.

'장(長)'은 수장(首長)의 의미로 여기서는 통수권자인 임금을 지칭한다.

'피위선지(彼爲善之)' 네 글자는 잘못된 글자로 읽지 않는다.

'재해(災害)'는 '천재(天災)'와 '인해(人害)'가 합쳐진 말이다.

右는 傳之十章이니 釋治國平天下하니라.

이상은 전문의 10장으로 '치국'과 '평천하'를 풀이하였다.

『대학』마침.

「중용(中庸)」

【보】 '중(中)'은 한쪽으로 치우치지 않는 것으로 '가운데'라는 뜻이 아닌 '최선'이라는 뜻이다. '용(庸)'은 변하지 않음, 늘, 보통, 평상시 등을 뜻한다. 그러므로 중용이란 어떠한 때인가에 따라 가장 적절한 방법을 찾는, 일명 '수시처중(隨時處中)'의 뜻이다. 이에 대해 정자는 "공부하는 방의 가운데가 집의 가운데는 아니며, 집의 중앙이 나라의 중안은 아니다."라고 했으니 이 중(中)이란 수시로 변하는 것이다.

아울러 『중용』을 '작은 주역'이라 부른다. 이는 천리(天理)를 비롯하여 음양을 상징하는 귀신(鬼神)에 관한 이야기, 즉 형이상학(形而上學)에 관한 언급이 많기 때문에 그러하다.

저자는 공자의 손자 자사(子思)이다. 본래 『예기(禮記)』의 31편에 속한 편명이었으나, 송나라 때 주희에 의하여 사서 가운데 한 책이 된 것이다.

구성은 33장으로 이뤄져 있는데, 크게 분절하면 6대절(大節)로 볼 수 있다. 1대절은 제1장으로 성(性), 도(道), 교(敎)에 대한 총론이다. 2대절은 2장부터 11장으로, 누구든 중용을 실천할 수 있으나 그렇지 않음에 대한 탄식과 중용을 얻을 수 있는 공부에 대해 말하고 있다. 3대절은 12장부터 19장까지로, 군자의 도가 모든 사람의 일상생활에서부터 성현의 경지에 이르기까지 누구나 실천할 수 있는데 결국 성(誠)으로 귀결됨을 말하고 있다. 4대절은 20장부터 26장까지로, 이 또한 삼달덕(三達德)으로 말하고 있으나 역시 성(誠)에 근본하고 있음을 밝히고 있다. 5대절은 27장부터 32장까지로, 성인이 천하의 대도를 실천하고 근본을 세워 천지의 화육을 이루는 것을 말하고 있다. 6대절은 33장으로, 모두 여섯 번의 시를 인용하여 신독(愼獨)과 성(誠)을 언급함으로써 다시 첫 장과 조응하고 있다.

제1장

【보】『중용』의 수장(首章)으로 가장 중요한 대목이다. 2장부터 12장까지는 모두 이 수장을 풀고 있으니 그만큼 주의하여 봐야 한다. 모두 5절로 구성되어 있다.

天命之謂性이오 率性之謂道오 修道之謂教니라.

하늘이 명하여 준 것을 '성'이라 하고, 성을 따르는 것을 '도'라 하고, 도를 닦는 것 '교'라고 한다.

【보】사람이라면 누구나 소유하고 있는 본성이 바로 하늘에서 나왔음을 밝히고 있고, 이를 잘 따르고 닦는 것이야 말로 인간의 도리임을 말하고 있다.

'천(天)'은 진리의 모체를 말한다. 대개 '푸른 하늘'처럼 자연으로 보기도 하고, '주재자(主宰者)'로서의 하늘로 보기도 하며, 음양의 조화로서의 '귀신(鬼神)'으로 보는 등 그 뜻은 매우 많다. 여기서는 진리 그 자체를 의미하는 말로 쓰였다.

'명(命)'은 명령이자 부여함을 말한다.

'지(之)'가 지칭하는 것은 만물(萬物)이다.

'성(性)'은 이치이자 개채, 즉 개성(個性)을 말한다.

'솔(率)'은 '따르다'의 뜻이다.

'도(道)'는 '당연한 것'을 말하는데 예컨대 효도(孝道)처럼 성품을 따르는 선천적인 것을 말한다.

'수(修)'는 중도로 맞추는 것을 말하니, 품절(品節)이라는 말이 바로 그것이다. 인간의 본성과 도는 같을지라도 기품에 따라 다르기 때문에 때로 지나친 사람이 있기도 하고 때로는 모자란 사람도 있다. 따라서 등급과 절차에 따라 제어해야 한다.

'교(敎)'는 제도와 법을 통해 다스리는 것으로 예악(禮樂)이나 형정(刑政) 같은 것이 이에 속한다.

道也者는　不可須臾離也니　可離면　非道也라.　是故로　君
子는　戒愼乎其所不睹하며　恐懼乎其所不聞이니라.

도란 것은 잠시라도 떠날 수 없는 것이니, 떠날 수 있으면 도가 아
니다. 이 때문에 군자는 그 보지 않는 바에도 조심하며 그 듣지 않는
바에도 두려워하는 것이다.

　　【보】이 절은 사물과 접촉하기 전의 고요한 상태에서도 도를
　　떠나지 않는 존양(存養) 공부에 대해 밝히고 있다. 즉 사물을 대
　　하기 전에 조심하고 두려워하는 마음을 갖는, 이른바 삼가는 마
　　음[敬]을 가져야 한다는 것이다.
　　　'도(道)'는 앞 절에서 말한 성(性), 도(道), 교(教) 가운데 가장
　　근본이며 종합한 것이다.
　　　'수유(須臾)'는 '잠시'라는 뜻이다.
　　　'계신(戒愼)'과 '공구(恐懼)'를 바로 경(敬)이라 압축할 수 있다.

莫見(현)乎隱이며　莫顯乎微니　故로　君子는　愼其獨也니라.

어두운 것보다 더 잘 드러난 것이 없고 작은 일보다 더 잘 나타나
는 것이 없으니 그러므로 군자는 그 홀로 있음을 조심한다.

　　【보】고요할 때의 존양(存養) 공부나 움직일 때의 성찰(省察)
　　공부가 모두 도를 떠나지 않아야 함을 말한다.
　　　'막(莫)'은 비교사로서 '~보다 더함은 없다'의 뜻이다.
　　　'현(見)'은 '드러나다[顯]'의 뜻으로 쓰였다.
　　　'은(隱)'은 어두운 곳을, '미(微)'는 작은 일을 각기 말한다.
　　　'신(愼)'은 성찰(省察)을 의미하는 것으로 선악을 살피는 것을

뜻하고, '독(獨)'은 자기만이 홀로 아는 곳을 말한다. 『대학』 전6
장에도 나오니 같이 보면 좋다.

**喜怒哀樂之未發을　謂之中이요　發而皆中節을　謂之和니
中也者는　天下之大本也요　和也者는　天下之達道也니라.**

기뻐하고 화내고 슬퍼하고 즐거워하는 마음이 아직 발하지 않은
것을 '중'이라 말하고, 발하여 모두 절도에 맞는 것을 '화'라 말한다.
중은 천하의 큰 근본이며, 화는 천하의 공통된 도이다.

> 【보】 성정(性情)의 덕목인 희로애락이 아직 발동되지 않아 편
> 벽되거나 치우침이 없어 중(中)에 이르고 발동되어 모두 절도에
> 맞아 화(和)에 이르니, 도(道)란 결코 떠날 수 없음을 말한다.
> 　'희로애락(喜怒哀樂)'은 자연스러운 인간의 감정이다. 이를 본
> 성이라 볼 수 있기에 선(善)하다. 그러나 칠정(七情)이라고 하는
> 애오욕(愛惡慾)이 추가될 때에는 악(惡)한 감정 또한 포함되기도
> 하니 애(愛) 자에 물욕이나 사욕의 뜻이 담겨 있는 경우가 그러
> 하다.
> 　'중(中)'은 한쪽으로 치우치거나[不偏], 한쪽으로 기댐이 없는
> [不倚] 경지를 이른다.
> 　'발(發)'은 사물과의 접촉을 뜻한다.
> 　'절(節)'은 절제를 말하며 이는 존양과 성찰을 통해 자연스러
> 울 때 절도에 맞는 것이다.
> 　'화(和)'는 조화를 이른 인간의 감정을 말한다.

致中和면　天地　位焉하며　萬物이　育焉이니라.

중과 화를 지극히 하면, 천지가 제자리를 얻고 만물이 길러질 것이다.

【보】 위의 네 절을 종합하여 낸 결론에 해당된다. 요지는 도를 체득한 사람의 지극한 공효이다.

'치(致)'는 미루어서 지극히 하는 것을 말한다.

'중(中)'은 내면세계의 본체이며, '화(和)'는 감정절제의 조화를 의미한다.

'위(位)'는 '제자리를 얻다'는 뜻으로 쓰였다.

'육(育)'은 만물이 잘 길러져서 그 삶을 이루는 것을 뜻한다.

右는 第一章이라.

이상은 제1장이다.

제2장

【보】 도를 체득한 사람인 군자와 도를 체득하지 못한 소인, 그 변곡점에 바로 중용이 있음을 밝히고 있다.

仲尼曰 "君子는 中庸이요 小人은 反中庸이니라.

중니가 말했다.

"군자는 중용을 실천하고, 소인은 중용을 반대로 한다.

【보】 중용을 실천하는 사람은 군자이나, 그 반대로 중용을 실천하지 못하는 사람은 소인이 된다.

'중니(仲尼)'는 공자의 자(字)이다. 남자의 경우 관례에 맞추어 자를 짓는다.[冠而字之] 『중용』 전체에 중니(仲尼)는 이 장과 더불어 30장에 나온다. 이 장이 도통의 전수에 대해 밝혔다면 30

장에서는 중용의 도를 몸소 실천한 이를 밝혔으니 다소의 차이가 있다.

'군자(君子)'는 도와 덕을 갖춘 인격체를 지칭한다.

'중용(中庸)'은 평상시 중도에 맞는 이치를 말한다. 따라서 어느 한 쪽에 치우치거나 기대지 않고 넘치거나 모자람이 없다. 바로 이것은 군자만이 실천에 옮길 수 있으며, 소인은 이를 거꾸로 행하는 사람이다.

君子之中庸也는　　君子而時中이오　　小人之[反]中庸也는 小人而無忌憚也니라."

군자의 중용은 군자이면서 때로 맞게 하는 것이다. 소인의 반중용은 소인이면서 거리끼는 마음이 없는 것이다."

【보】 앞 절에서 말한 군자의 중용과 소인의 반중용을 '때에 맞음'과 '꺼리는 마음이 없음'을 통해 부연하고 있다.

원문 '君子而'에서 '이(而)'는 '자격'을 뜻한다.

'시중(時中)'은 때에 따라 최선을 실천함[隨時處中]을 말한다.

'반(反)'은 『집주(集註)』에 "위(魏)나라의 학자 왕숙(王肅, 195-256) 본(本)에 '소인지반중용야(小人之反中庸也)'로 되어 있는데, 정자(程子)께서도 또한 '이것이 옳다.' 하였으니, 지금 이를 따른다."라고 한 것을 정설로 본다. 실제 내용 또한 이것이 맞기 때문에 '반' 자를 넣어 이해하며 독음도 그렇게 한다.

右는 第二章이라.

이상은 제2장이다.

제3장

子曰 "中庸은 其至矣乎인저. 民 鮮能이 久矣니라."

공자가 말했다.

"중용은 그 지극할 것이다. 사람들 가운데 능한 자가 적은 지 오래 되었다."

【보】이를 통해 중(中) 자가 '가운데'라기보다 '지극하다'의 의미로 '지(至)'의 뜻이 담겨 있음을 확인할 수 있다. 다시 말해, 중용을 간혹 적당히 하는 것, 혹은 기회를 엿보아 행동하는 것으로 간주하는 경우가 있으나 결코 아니다. 특히 중용이란 위정자나 통치자에 의해 달라질 수도 있으며 사회의 제도나 교육 또는 풍토에 따라서도 수시로 변할 수 있는 것이다.

'선(鮮)'은 확답하지 않았을 뿐, 거의 없다는 뜻이다. 이러한 표현이 절대긍정도 절대부정도 하지 않는 공자의 태도이다.

『논어』「옹야(雍也)」제27장에 "子曰 "中庸之爲德也 其至矣乎! 民鮮 久矣."라고 했으니 '능(字)' 자가 없음을 알 수 있다.

右는 第三章이라.

이상은 제3장이다.

제4장

【보】중용의 도를 행하지 못하는 이유가 바로 지나침[過]과 미치지 못함[不及]에 있음을 밝히고 있다.

　子曰 "道之不行也를　我知之矣로니　知者는　過之하고　愚者는　不及也일새니라.　道之不明也를　我知之矣로니　賢者는　過之하고　不肖者는　不及也일새니라.

공자가 말했다.

"도가 행해지지 못하는 이유를 나는 안다. 지혜로운 자는 지나치게 하고, 어리석은 자는 미치지 못하기 때문이다. 도가 밝아지지 못하는 이유를 나는 안다. 어진 자는 지나치게 하고, 어질지 못한 자는 미치지 못하기 때문이다.

【보】지(智)와 우(愚), 현(賢)과 불초(不肖)는 지나침과 모자람이라는 각기 타고난 자질에 따라 그 중(中)을 잃은 것이다.

'지(知)'는 지(智)와 같다. 따라서 지혜로운 자의 '과(過)'는 평상시 일에서 찾지 못하고 그 이상을 추구하려는 데 그 지나침이 있는 것이다.

'우(愚)'는 도를 행하면서도 이를 알지 못함을 말한다. 따라서 어리석은 자는 도가 바로 옆에 있는데도 이르지 못한 자이다.

'현(賢)'은 노력하여 도를 실행할 수 있는 능력이 있지만, 과(過)에 빠져 지극함에 이른 자이다. 예컨대 지극한 효도를 일삼고자 자신의 몸을 헤칠 수 있으니 효를 실천하기 위해 이를 상하게 하는 자이다.

'불초(不肖)'는 '부모님의 훌륭한 점을 닮지 못한 자'가 원의이지만 여기서는 현자(賢者)의 반대의 개념으로 쓰였다. 이들 역시 실행에 미치지 못하고서 또한 알려고 하지 않으니, 도가 늘 밝혀지지 못하는 이유가 바로 여기에 있다.

人莫不飮食也언마는 鮮能知味也니라."

사람들 가운데 음식을 먹고 마시지 않는 이가 없지만 맛을 잘 아는 사람이 거의 없구나."

【보】자칫 음식의 섭취를 비유사로 썼다고 오해하거나, 사실 그대로의 일로 볼 수 있으나, 여기서는 수많은 도 가운데 가장 이해하기 쉬운 일례를 통해, 도가 떠날 수가 없는데도 사람들이 스스로 살피지 않기 때문에 과불급(過不及)의 폐단이 일어나고 있음을 말하고 있다.

右는 第四章이라.

이상은 제4장이다.

제5장

【보】5장은 4장에서의 도가 행해지지 못하는 이유를 잇고, 다음 6장의 순임금에 관한 일을 연결시키고 있다.

子曰 "道其不行矣夫인저."

공자가 말했다.
"도가 그 행해지지 못하겠구나."

【보】 밝게 알지 못하기 때문에 실행에 옮기지 못하는 것이다. 즉 '부지(不知)면 불행(不行)'과 같은 말이다. '도지불행(道之不行)'이라 쓰지 않고 '도기불행(道其不行)'이라고 쓴 것을 보면 '기(其)'자에 의미를 두어 도가 행해지지 못한 것에 대한 탄식이 아니라 그 이유를 밝히고 있음을 알 수 있다.

右는 第五章이라.

이상은 제5장이다.

제6장

【보】 앞 장을 이어 대지(大知)를 밝히고 있으며, 이를 실천에 옮긴 순임금을 모범으로 삼고 있다.

子曰 "舜은 其大知也與신저. 舜이 好問而好察邇言하시되 隱惡而揚善하시며 執其兩端하사 用其中於民하시니 其斯以爲舜乎신저."

공자가 말했다.

"순임금은 위대한 지혜를 지닌 분이다. 순임금은 묻기를 좋아하고 가까운 말씀을 살피기 좋아하되 악을 숨겨 주고 선을 드날리며 두 끝을 잡아 그 가운데를 백성에게 쓰니, 그것이 순임금이 된 이유다."

【보】 지식을 받아들이는 도량의 저변이 바로 '호문(好問)'에 있음을 말하고 있다. 즉 순임금은 자신의 지혜를 쓰기 보다는 남

에게 묻기를 좋아하고 그것을 취했기 때문에 위대한 지혜를 지닌 분으로 칭송받는 것이다. 한편 『상서』 「중훼지고(仲虺之誥)」 제8장에 "好問則裕하고 自用則小라"고 한 것 또한 이와 궤를 같이 한다.

'이언(邇言)'은 하찮은 말을 뜻한다. 그런데도 순임금은 오히려 반드시 살폈으니 선을 버림이 없음을 알 수 있다.

'악(惡)'은 '악언(惡言)'의 뜻이다.

'양단(兩端)'은 취할 수 있는 최선을 가리키는 말이니 그 가운데를 지칭한 것이 아니다.

'용(用)'은 '실현(實現)'의 뜻이다.

'소이위(所以爲)'는 '~다울 수 있는'의 뜻이다.

右는 第六章이라.

이상은 제6장이다.

제7장

【보】 앞 장에서 말한 순임금과는 반대되는 사람을 언급하고, 다음 장의 안연에 관한 말을 잇기 위해 단서로 삼고 있다.

子曰　"人皆曰予知로되　驅而納諸(저)罟擭(화)陷阱之中而莫之知辟(피)也하며　人皆曰予知로되　擇乎中庸而不能期月守也니라."

공자가 말했다.

"사람들은 모두 '내(자신)가 지혜롭다'고 말하지만 그물이나 덫이나 구덩이 가운데로 몰아넣어도 피할 줄을 알지 못한다. 사람들은 모두 '내(자신)가 지혜롭다.'고 말하지만 중용을 가려서 한 달도 지키지 못한다."

【보】도가 밝혀지지 않은 것은 어진 자는 지나치고, 불초한 자는 미치지 못한 데에서 발생한 것임을 말하고 있다.

'여(予)'는 논란이 많은 글자이다. 한(漢)나라 학자 정현(鄭玄, 127-200)은 대중(大衆)으로, 청대(淸代)의 학자들은 대개 공자(孔子)로 보고 있기 때문이다. 대중으로 보면 상시지탄(傷時之歎)으로 해석되고, 공자로 본다면 앞선 '왈(曰)' 자를 자부심을 드러낸 글자로 보면서도 뒤의 구절은 겸사로 본다. 모두 가능한 해석이나 여전히 자세하지는 않다.

'구(驅)'는 제 자신을 몰아넣는 것을 말한다.

'고(罟)'는 그물, '화(擭- 본래 음은 '확'이지만, 고음(古音)이 '화'이므로 이를 따른다.)'는 덫, '함정(陷阱)'은 구덩이를 말한다. 이 모두 금수(禽獸)를 잡는 것들이다.

'택(擇)'은 우연히 일치된, '잠시'의 의미가 담겨 있다.

'기월(期月)'은 만 1개월이다.

右는 第七章이라.

이상은 제7장이다.

제8장

【보】앞서 과불급(過不及)의 차이로 인하여 중용을 실천하지 못한 예를 들었다면, 이 장에서는 안연을 통해 과불급이 없어 도가 밝아지게 된 이유를 설명하고 있다.

子曰 "回之爲人也 擇乎中庸하여 得一善이면 則拳拳服膺而弗失之矣니라."

공자가 말했다.

"안회의 사람됨이 중용을 가려 한 선을 얻으면, 정성스럽게 가슴속에 두어 잃지 않는다."

【보】안회와 같이 실천해야 만이 도를 밝힐 수 있음을 말하고 있다.

'회(回)'는 공자 제자 안연(顔淵)의 이름이다. 우리나라의 경우 공자의 이름 구(丘)를 비롯하여 사성(四聖 : 兗國復聖公顔回, 郕國宗聖公曾參, 沂國述聖公孔伋, 鄒國亞聖公孟軻)의 이름은 대개 휘(諱)하여 모(某)로 읽는다.

'택(擇)'은 앞 절이 '우연히'라는 뜻으로 쓰였으나, 이 절에서는 '참답게 알아서 가리다'라는 뜻으로 쓰였다.

'권권(拳拳)'은 주먹을 쥐고서 가슴에 댄 모양으로 받들어 잡는 정성스러움을 뜻한다.

'복(服)'은 '착(著)'의 뜻이다.

'응(膺)'은 '명심(銘心)'의 의미이다.

右는 第八章이라.

이상은 제8장이다.

제9장

【보】이 장은 삼달덕(三達德)이라고 하는 용맹[勇], 지혜[知], 어짊[仁]의 보완과 중용의 어려움을 함께 언급하고 있다. 삼달덕 또한 지극히 어려운 일이다. 그러나 이 역시도 한쪽에 치우친 면이 있다. 이들을 중도로 맞추고 이를 보완한다면 불가능한 중용을 실천할 수 있을 것이다.

子曰 "天下國家를 可均也며 爵祿을 可辭也며 白刃을 可
蹈也로되 中庸은 不可能也니라."

공자가 말했다.

"천하와 국가를 고르게 다스릴 수 있고 작록을 사양할 수 있으며
흰 칼날을 밟을 수 있지만, 중용은 능히 할 수 없다."

【보】중용이란 그 실천이 매우 어렵기 때문에 용맹으로 지혜
와 인을 보완해야 함을 밝히고 있다. 참고로 지인용(智仁勇)은
뒤에 나오는 삼달덕(三達德)으로 공통된 도를 실천할 수 있는
힘이 된다.
　'천하와 국가를 고르게 다스릴 수 있다'는 것은 지혜[智]에 가
까운 일이다. 여기에서 '균(均)'은 '다스리다[治]'는 뜻으로 쓰였
으니, 예를 든다면 관중(管仲)의 일이 이에 해당된다.
　'작록을 사양할 수 있다'는 것은 어짊[仁]에 가까운 일이니, 예
를 든다면 하궤자(荷簣者)나 오릉중자(於陵仲子)의 일이 이에 해
당된다.
　'흰 칼날을 밟을 수 있다'는 것은 용맹[勇]에 가까운 일이다.
죽음의 길을 간다는 의미로 가장 용맹스러운 일이니, 예를 든다
면 『논어』의 '견위치명(見危致命)'이 이에 해당된다.

右는 第九章이라.

이상은 제9장이다.

제10장

【보】앞 장에서 용맹에 관한 말이 있었다. 여기서 자로가 공자에게 '강함'에 관하여 물은 것은, 그가 용맹을 좋아하기 때문이다. 자로는 용맹에 관하여 지나친 면이 없지 않지만 도를 실천하고자 하는 의식 또한 가지고 있었음을 알아야 한다. 모두 5절로 구성되어 있다.

子路問强한대

자로가 '강함'에 대해 묻자,

【보】'자로(子路)'는 공자의 제자이다. 자는 중유(仲由)이다.

子曰 "南方之强與아? 北方之强與아? 抑而强與아?

공자가 말했다.

"남방의 강함을 말하는가? 북방의 강함을 말하는가? 아니면 너의 강함을 말하는가?

【보】'강함'에는 여러 종류가 있다. 예컨대 지방의 특성으로 인한 강함인지, 학문으로 인한 강함인지 등이 그러하다. 공자는 우선 이를 살핀 것이지 자로에게 트집을 잡아 따져 물은 것이 아니다.
'억(抑)'은 어조사(語助辭)로서 해석을 하지 않아도 되고, 때로 억눌러 '아니' 정도로 보면 된다.
'이(而)'는 '너[爾]'의 뜻으로 쓰였다.

寬柔以敎요 不報無道는 南方之强也니 君子 居之니라.

너그럽고 유순히 하여 가르쳐 주고 무도한 자에게 보복하지 않는
것은 남방의 강함이니, 군자들이 그곳에 산다.

【보】남방 지역은 풍속과 기풍이 유약하므로 포용하고 참을성
을 강함으로 여긴다. 이는 학문을 하는 군자들의 도이다.
'관유(寬柔)'는 포용(包容)의 뜻이다.
'보(報)'는 '앙갚음'의 의미로 쓰였다.

衽金革하여 死而不厭은 北方之强也니 而强者 居之니라.

병기와 갑옷을 깔고 죽어도 싫어하지 않는 것은 북방의 강함이니,
강한 자들이 그곳에 산다.

【보】북방 지역은 풍속과 기풍이 강하고 굳세기 때문에 과감
한 힘을 강함으로 여긴다. 이는 학문의 강함이 아닌 천리의 강
함을 말한다.
'임(衽)'은 자리에 깔고 눕는 것을 말한다.
'금(金)'은 창과 방패 등 병기를 의미한다.
'혁(革)'은 갑옷이나 투구 등을 지칭한다.

**故로 君子는 和而不流하나니 强哉矯여. 中立而不倚하
나니 强哉矯여. 國有道에 不變塞焉하나니 强哉矯여. 國無
道에 至死不變하나니 强哉矯여.**

그러므로 군자는 남들과 어울리지만 강물처럼 휩쓸리지 않으니 강하다, 꿋꿋함이여. 가운데 서서 치우치지 않으니 강하다, 꿋꿋함이여. 나라에 도가 있을 때에는 궁핍할 때의 의지를 변치 않으니 강하다, 꿋꿋함이여. 나라에 도가 없을 때에는 죽음에 이르러도 지조를 변하지 않으니 강하다, 꿋꿋함이여."

【보】 거듭 강함에 대해 해석한 것인데, 공자는 이 네 가지를 자로에게 말해 줌으로써 혈기의 강함을 억제하여 덕과 의로운 용맹으로 나가도록 유도한 것이다.

'군자(君子)'는 여기에서는 '덕을 완성한 사람'을 지칭한다.

'교(矯)'는 강한 모양으로 강(强) 자의 다른 표현이다.

'색(塞)'은 궁핍한 시절의 절개를 말한다.

右는 第十章이라.

이상은 제10장이다.

제11장

【보】 이 장까지가 수장(首章)에 대한 설명이다. 앞서 순임금의 큰 지혜[智], 안연의 어진 마음[仁], 자로의 용맹[勇], 이 세 가지를 종합하고 있는 결론이 이에 해당된다. 모두 3절이다.

子曰 "素[索]隱行怪를 後世에 有述焉하나니 吾弗爲之矣로라.

공자가 말했다.

"은벽한 것을 찾고 괴이한 것을 행하는 것을 후세에 칭술하는 자가 있지만, 나는 이러한 행동을 하지 않을 것이다.

【보】 도(道)를 지나치게 행해서는 안 됨을 말하고 있다.

'소(素)'는 『한서(漢書)』「예문지(藝文志)」에 '색(索)'으로 되어
있으며 오자(誤字)로 보는 것이 정설이다.

'술(述)'은 칭술하여 서술하는 것을 말한다.

'나는 이러한 행동을 하지 않을 것이다'라는 말은 중용에 반
하는 행위는 하지 않을 것이라는 뜻이다.

君子遵道而行하다가 半塗而廢하나니 吾弗能已矣로라.

군자가 도를 따라 행하다가 중도에 쓰러지니, 나는 그만두지 않을
것이다.

【보】 앞 절이 도(道)의 지나침[過]에 대해 경계하고자 했다면,
이 절에서는 미치지 못함[不及]에 대해 경계하고 있다.

'도를 따라 행한다'는 말은 능히 선(善)을 택한 것이고 지혜가
그것에 미쳤다는 의미이다.

'폐(廢)'는 힘이 없이 쓰러진 것을 뜻한다.

'이(已)'는 '그만둘 이'로 쓰였다.

**君子依乎中庸하여　　遯世不見知而不悔하나니　　唯聖者能
之니라."**

군자는 중용을 따르다가 세상에 은둔하여 남이 알아주지 않더라도
후회하지 않으니 오직 성인만이 그것에 능하다."

【보】이 절은 중용을 실천하는 것이 진정한 삶의 가치이자 목표라는 절대적인 확신을 언급하고 있다.

'의(依)'는 '따르다, 실천하다'는 뜻으로 쓰였다.

'지(知)'는 남들이 나의 옳은 행위에 대해 알아주는 것을 의미한다.

'불회(不悔)'는 『논어』의 '불온(不慍)'과 다르다. 즉 '불온'이 스스로 반성한 측면에서 말했다면, '불회'는 스스로의 확신이니 서로 다르다.

右는 第十一章이라.

이상은 제11장이다.

제12장

【보】이 장은 자사(子思)의 말로 되어 있으며, 요지는 수장(首章)의 '도를 떠날 수 없다'는 것을 부연한 것이다. 이 장부터 19장까지는, 군자의 도가 모든 사람의 일상생활에서부터 성현의 경지에 이르기까지 누구나 실천할 수 있음을 밝히고 있으며 모두 성(誠)으로 귀결됨을 말하고 있다. 모두 4절이다.

君子之道는 費而隱이니라.

군자의 도는 널리 쓰이고 있지만 그 본체는 은미하다.

【보】군자의 도는 광범위하면서도 그 본체가 보이지 않음을 말하고 있다. 이 절은 19장까지의 전체의 뜻을 대변한다.

'비(費)'는 쓰임[用]이 광범위함을 말하고, '은(隱)'은 본체[體]가 은미함을 말하고 있다. 즉 도라는 것은 그 쓰임이 무궁무진하며, 그 본체는 내재적인 진리이므로 보이지 않는 것이다.

夫婦之愚로도   可以與知焉이로되   及其至也하여는   雖聖
人이라도   亦有所不知焉하며   夫婦之不肖로도   可以能行焉
이로되   及其之也하여는   雖聖人이라도   亦有所不能焉하며
天地之大也에도   人猶有所憾이라   故로   君子語大인댄   天下
莫能載焉하며   語小인댄   天下莫能破焉이니라.

　부부 중 어리석은 자라도 참여하여 알 수 있지만, 그 지극한 것에
이르러는 비록 성인이라 하더라도 또한 알지 못하는 바가 있다. 부부
중 불초한 자라도 능히 행할 수 있지만, 그 지극한 것에 이르러는 비
록 성인이라 하더라도 또한 능하지 못한 바가 있다. 천지의 큰 것에
대해서도 사람들은 오히려 유감이 있기 때문에, 군자가 큰 것을 말하
면 천하로서도 능히 싣지 못하며, 작은 것을 말하면 천하가 능히 깨
뜨릴 수 없다.

　　【보】군자의 도는 작은 부분에 있어서는 어리석은 사람일지라
　　도 누구나 알 수 있고, 큰 부분에 있어서는 성인조차도 모르는
　　부분이 있는, 이루다 말로 할 수 없는 형이상학적인 것이 바로
　　도라는 의미이다.
　　　원문 '夫婦之愚'는 '夫婦之愚者'처럼 자(者) 자가 생략된 형태
　　이다.

詩云　'鳶飛戾天이어늘　魚躍于淵이라.'하니　言其上下察
也니라.

『시경』에 '솔개는 날아 하늘에 이르는데, 물고기는 연못에서 뛴다.'고 했으니, 도가 상하에 밝게 나타나는 것을 말한다.

【보】도가 천지에 가득하다는 것을 『시경』「대아(大雅)」「한록편(旱麓)」의 "鳶飛戾天, 魚躍于淵. 豈弟君子, 遐不作人."를 인용하여 밝히고 있다. 이를 줄여 '연비어약(鳶飛魚躍)'이라 하는 명구가 되었는데, 이는 활발하게 약동하는 모습, 자연스러운 모습 등을 보여주고 것으로 모두 도를 가리킨다. 하지만 이러한 모습을 만들어 내는 것은 보이지 않으니 때로는 형이상학적이면서 때로 형이하학적인 것, 이것이 바로 도이다.

'려(戾)'는 '이를 려' 자로 쓰였다.

'상하(上下)'는 천지를 가리킨다.

'찰(察)'은 '나타날 찰'로 쓰였다.

君子之道는 造端乎夫婦니 及其至也하여는 察乎天地니라.

군자의 도는 부부에게 시작되지만 그 지극한 것에 미쳐서는 천지에 밝게 나타난다.

【보】도(道)라는 것은 그 시작을 알 수 없는 것이지만 가까이에서 살펴보면 부부로부터 시작됨을 알 수 있고 지극한 것으로는 천지에 있음을 말한다. 위의 글에 대한 결론에 해당된다.

右는 第十二章이라.

이상은 제12장이다.

제13장

【보】도(道)가 사람의 일상생활에서 이루어지는 것임을 언급함으로써 도를 실천하고자 하는 이들에게 경계할 것을 당부하고 있다. 모두 자사가 공자의 말을 인용하고 있으며, 4절로 구성되어 있다.

子曰 "道不遠人하니 人之爲道而遠人이면 不可以爲道니라.

공자가 말했다.

"도는 사람에게 멀리 있지 않다. 사람이 도를 행하면서 사람을 멀리 한다면 도라고 말할 수 없다.

【보】도(道)는 사람에게 간절한 것이다. 따라서 도를 배우는 사람 또한 사람과 멀리 떨어진 곳에서 도를 추구해서는 안 된다는 말이다.
원문 '人之爲道'의 '위(爲)'는 '행하다'의 뜻이며, '不可以爲道'의 위(爲)는 '성취하다'는 뜻으로 풀이하는 것이 좋다.

詩云 '伐柯伐柯여 其則(칙)不遠이라.'하니 執柯以伐柯호대 睨而視之하고 猶以爲遠하나니 故로 君子는 以人治人하다가 改而止니라.

『시경』에 '도끼자루를 잡고 도끼자루를 베임이여! 그 법이 멀리 있지 않다.'라고 했으니, 도끼자루를 잡고 도끼자루를 베면서도 갸우뚱 보고서 오히려 멀리 있다고 여긴다. 그러므로 군자는 사람의 도리로써 사람을 다스리다가 잘못을 고치면 그만 두는 것이다.

【보】역시 도가 사람에게서 멀리 떨어져 있지 않음을『시경』「빈풍(豳風)」「벌가(伐柯)」를 인용하여 증명하고 있다. 또한 이 글의 핵심은 '사람의 도리로써 사람을 다스리다[以人治人]'에 있다.
　'벌(伐)'는 도끼자루를 만들기 위해 나무를 치는 것을 말한다.
　'가(柯)'는 도끼자루이다.
　'칙(則)'은 새로 만들 도끼자루의 준칙이다.
　'불원(不遠)'은 바로 손에 있기 때문에 멀지 않다는 것이다.
　'집가(執柯)'는 옛 도끼자루를, '벌가(伐柯)'는 새 도끼자루를 각기 의미한다.
　'예(睨)'는 비스듬히 보는 것이니 고개를 갸우뚱하는 것이다.
　'개(改)'는 '그 사람이 가지고 있는 성품을 고치면'이라는 의미이다.
　'지(止)'는 예컨대 순임금의 효성에까지 강조하면 안 된다는 뜻이다.

忠恕 違道不遠하니 施諸己而不願을 亦勿施於人이니라.

충·서는 도와 거리가 멀지 않으니 자기 몸에 베풀어 보아 원하지 않는 것을 나 또한 남에게 베풀지 말라.

【보】자기의 몸으로써 남을 대하는 도를 통해 도가 사람에게서 멀지 않음을 재차 강조하고 있다.『논어』「안연(顔淵)」제2장에서 말한 "己所不欲, 勿施於人."이 이와 유사한 구절로 유가 사상 가운데 핵심 중 하나라 말할 수 있다.
　'충(忠)'은 자기의 마음을 다하는 것을 말한다.[盡己之心]
　'서(恕)'는 자기 마음을 미루어 남에게 미치는 것을 말한다.[推己及人]
　'위(違)'는 '거리 위'로 쓰였다. '위배하다'의 뜻이 아님에 주의

해야 한다.

원문 '施諸己而不願'은 가상으로 말한 것이다.

君子之道四에　丘未能一焉이로니　所求乎子로　以事父를
未能也하며　所求乎臣으로　以事君을　未能也하며　所求乎弟
로　以事兄을　未能也하며　所求乎朋友로　先施之를　未能也
로니　庸德之行하며　庸言之謹하야　有所不足이어든　不敢不
勉하며　有餘어든　不敢盡하야　言顧行하며　行顧言이니　君
子　胡不慥慥爾리오."

군자의 도 네 가지 중, 나는 한 가지도 능하지 못하니, 자식에게 바라는 것으로써 부모를 섬기는 것을 능하지 못하고, 신하에게 바라는 것으로써 임금 섬기는 것을 능하지 못하고, 아우에게 바라는 것으로써 형을 섬기는 것을 능하지 못하고, 붕우에게 바라는 것을 먼저 베푸는 것을 능하지 못한다. 떳떳한 덕을 행하며 떳떳한 말을 삼가 행동에 부족한 것이 있으면 감히 힘쓰지 않음이 없고, 말은 남는 것이 있거든 감히 다하지 아니하여, 말은 행실을 돌아보고 행실은 말을 돌아보아야 하니, 군자가 어찌 독실하지 않겠는가."

【보】군자의 도 네 가지는 실제 오륜(五倫)의 다른 표현이다. 이 장에서 부부 간이 빠진 것은 잘할 것을 권하지 않더라도 절로 잘 하기 때문이다. 따라서 효제충신(孝悌忠信) 네 가지로써 자신의 몸을 다스릴 것을 바라고 있으니, 이 또한 사람에게서 멀리할 수 없는 것들에 대한 강조인 것이다.

'구(丘)'는 공자의 이름이다. 8장에서 언급한 것처럼 우리나라에서는 이름을 휘하여 모(某)로 읽는 것이 보통이다.

'미능(未能)'은 충서(忠恕)를 실천하지 못했다는 의미이다.

원문 '所求乎子'는 '(父)所求(以孝)乎子'처럼 생략된 형태이다. 뒤의 네 경우 모두 마찬가지이다. 즉 '(君)所求(以忠)乎臣, (兄)所求(以敬)乎弟, (友)所求(以信)乎朋友'와 같이 글을 보면 된다.

'용(庸)'은 '떳떳할 용'으로 쓰였다.

원문 '有所不足'은 앞의 행(行)을, '不敢不勉'은 앞의 언(言)을 각기 주체로 한다.

'조조(慥慥)'는 독실한 모양이다.

右는 第十二章이라.

이상은 제13장이다.

제14장

【보】 사람이 현재의 위치에 따라 행해야 하는 행동과 학문에 대해 언급한 장이다. 아울러 '스스로 자신을 되돌아 봄[反求諸身]'에 그 핵심이 있다. 모두 5절이다.

君子는 素其位而行이요 不願乎其外니라.

군자는 그 위치를 바탕으로 삼을 뿐 그 밖의 것을 원하지 않는다.

【보】 이 절은 14장을 총괄하고 있다. 즉 군자는 현재의 위치에 따라 마땅히 해야 할 바를 할 뿐, 그 밖의 것에는 관심을 두지 말아야 함을 밝히고 있다. 다시 말해 도는 본분 내에서의 실천을 의미하는 것이다.

'소(素)'는 '바탕(근본)으로 삼다, 처하다'의 뜻이다. 주희는 이를 '현재'로 해석했으니 참고로 적어 둔다.

'기위(其位)'는 현재의 위치를 말하고, 기외(其外)'는 현재의 위치에서 벗어난 것을 말한다.

素富貴하얀 行乎富貴하며 素貧賤하얀 行乎貧賤하며 素夷狄하얀 行乎夷狄하며 素患難하얀 行乎患難이니 君子는 無入而不自得焉이니라.

부귀에 처해서는 부귀대로 행하며, 빈천에 처해서는 빈천대로 행하며, 이적에 처해서는 이적대로 행하며, 환난에 처해서는 환난대로 행하니, 군자는 들어가는 곳마다 스스로 만족하지 않음이 없다.

【보】 1절의 '素其位而行'에 대한 설명이다. 즉 그 현재의 위치를 따라 어떻게 행동해야 하는지 구체적인 예를 들어 설명하고 있다.
　'소환난(素患難)'은 어려운 처지에 있을 때 나름의 최선책을 강구하라는 말이지, 어려우면 어려운대로 그럭저럭 지내라는 말이 아님에 유의해야 한다.
　'입(入)' 자는 소부귀(素富貴), 소빈천(素貧賤), 소이적(素夷狄), 소환난(素患難) 외의 모든 것을 가리킨다. 아울러 이 글자는 출(出) 자와 마찬가지로 '들어갈 때마다'라는 뜻의 복수사(複數詞)로 쓰였다.
　'자득(自得)'은 '마음에 스스로 만족함이 있음을 말한다.

在上位하야 不陵下하며 在下位하야 不援上이오 正己而不求於人이면 則無怨이니 上不怨天하며 下不尤人이니라.

윗자리에 있어서는 아랫사람을 업신여기지 않고, 아랫자리에 있어서는 윗사람을 끌어당기지 않고, 자기 몸을 바르게 할 뿐 남에게 요구하지 않으면 원망이 없을 것이니, 위로는 하늘을 원망하지 않고 아래로는 사람을 원망하지 않는다.

【보】1절의 '不願乎其外'에 대한 설명이다. 즉 그 밖의 것을 원하지 않음에 대한 자세한 풀이다.

'능(陵)'은 '업신여기다, 능멸하다'의 뜻이다.

'원(援)'은 예를 들어 '만일 나라면 이렇게 했을 것이다'라고 하며 윗사람을 비방하는 것을 말한다.

'정기(正己)'는 자신의 도리를 바르게 함을 뜻한다.

'원(怨)'이란 원하는 것이 있을 때 생기는 것이니 앞서 자득(自得)의 반대의 의미로 쓰인 것이다.

'우(尤)'은 '원(怨)'의 뜻으로 동자(同字)를 피한 것일 뿐이다.

원문 '上不怨天, 下不尤人'은 『논어』「헌문(憲問)」 제36장에 "不怨天, 不尤人"라고 나오며, 『맹자』「공손추 하(公孫丑下)」 제13장에서도 맹자의 제자 충우(充虞)의 입을 통해 "不怨天, 不尤人"이라 나와 있다. 이처럼 사서(四書)에 반복되어 나오는 것을 보면 인간사뿐만 아니라 천리(天理) 또한 적지 않게 중요시 했음을 알 수 있다.

故로 君子는 居易(이)以俟命하고 小人은 行險以徼幸이니라.

그러므로 군자는 평이하게 살며 천명을 기다리고, 소인은 위험한 것을 행하며 요행을 바란다.

【보】2절과 3절에 대한 결론에 해당된다. 곧 그 위치를 바탕으로 삼을 뿐 그 밖의 것을 원하지 않음에 대한 결론이다.

'고(故)'는 '현재의 위치에서 행하고'라는 의미가 함축되어 있는 글자이다.

'거이(居易)'는 현재의 위치에 따라 편안하게 살고 있음을 의미한다.

'사명(俟命)'은 그 밖의 것을 원하지 않는다는 뜻이다.

'요(徼)'는 '요구할 요'로 쓰였다.

'행(幸)'은 '생각지도 못한 것'을 의미한다.

子曰 "射는 有似乎君子하니 失諸(제)正鵠이어든 反求諸其身이니라."

공자가 말했다.

"활쏘기는 군자의 도와 유사하다. 활을 쏘아 정곡을 잃으면 자기 몸에 돌이켜 찾는다."

【보】 공자의 말을 인용하여 1절부터 4절까지를 포괄한 결론이다. 즉 반구저신(反求諸身)을 강조함으로써 현재의 위치에서 자신을 돌아보며 수양할 것을 말하고 있다.

'정(正)'은 오늘날의 '과녁판과 같다. 대개 삼베에 표적을 다음과 같이 그린 것을 말한다. [ ]

'곡(鵠)'은 가죽을 붙여놓은 것을 말하는데, '따오기 곡' 자를 쓴 것은 따오기 눈처럼 빨간색을 중앙에 붙여 놓았기 때문이다.

右는 第十二章이라.

이상은 제14장이다.

제15장

【보】 도(道)에 나아가는 데에 차서가 있음을 밝히고 있다. 먼 곳을 가려면 가까운 곳으로부터 출발하며, 나라를 다스리기 위해서는 집안부터 단속해야 하는 것 등이 이에 속한다. 모두 3절이다.

君子之道는　辟(비)如行遠必自邇하며　辟如登高必自卑니라.

군자의 도는, 비유하자면 먼 곳을 가려면 반드시 가까운 곳으로부터 가야 하는 것과 같고, 높은 것을 오르려면 반드시 낮은 곳으로부터 가야 하는 것과 같다.

【보】 군자의 도에는 순서가 있으니, 먼 곳은 가까운 데로부터 시작하고, 높은 곳은 낮은 곳으로부터 시작하는 것과 같음을 비유하고 있다.
　‘비(辟)’는 ‘비(譬)’ 자로 쓰였다.
　‘원(遠)’과 ‘고(高)’는 도의 고차원을 말하며, ‘이(邇)’와 ‘비(卑)’는 도의 저차원을 말한다.

詩曰　‘妻子好合이　如鼓瑟琴하며　兄弟旣翕하야　和樂且耽(담)이라　宜爾室家하며　樂爾妻帑라.’하여늘,

『시경』에 "처자와 잘 어울리는 것이 마치 금슬을 타는 듯하며, 형제가 이미 화합하여 화락하고 또 즐겁다. 너의 집안을 잘 다스리고 너의 처자를 즐겁게 한다."라고 했다.

【보】『시경』「소아(小雅)」「상체(常棣)」에 보인다.

'슬금(瑟琴)'은 큰 거문고와 작은 거문고, 또는 거문고와 비파로 보기도 한다. 이는 슬(瑟) 자의 해석 때문이다. 금(琴)이 5~7줄 사이의 작은 거문고인 반면, 슬(瑟)은 15~27줄 사이의 큰 거문고를 가리키기도 하고, 비파(琵琶)의 뜻도 지니고 있기 때문이다. 즉 여성이 연주하는 금과 남성이 연주하는 슬이 어울렸을 때 좋은 소리가 나기도 하고, 비파와 거문고가 연주했을 때 좋은 소리가 나기도 하므로, 어떠한 악기로 보더라도 결국 '조화롭다'는 뜻으로 쓰인다.

'흡(翕)'은 '화할 흡' 자로 '합(合)'의 뜻이다.

'담(耽)'은 '오래즐길 담' 자로 쓰였다. 오늘날 음은 '탐'이지만 고음(古音)은 '담'이다. 『주역』「이괘(頤卦)」에 "호시담담(虎視耽耽)"이라 했는데, 바로 이것이다.

'의(宜)'는 선(善)의 뜻이다.

'노(帑)'는 '처자 노'의 뜻으로 쓰였다. 주자는 이를 '자손(子孫)'으로 해석했으니 참고로 적어 둔다.

子曰 '父母其順矣乎신저.'하시니라.

공자께서 '부모님께서 그 편안하실 것이다.'라고 말씀하셨다.

【보】앞『시경』에 대한 공자의 평을 자사가 인용한 것이다. 즉 처자와 형제가 잘 화합한다면 부모님께서는 매우 편안해실 것이라는 의미이니, 역시 도라는 것은 멀고 심오한 것으로부터 하는 것이 아니라 가까운 집안의 도부터 실천해야 한다는 말이다.

右는 第十二章이라.

이상은 제15장이다.

제16장

【보】13장부터 15장까지가 12장의 비(費)와 은(隱)에 대해서 큰 것을 들어 설명했다면, 이 장에서는 큰 것 뿐 아니라 작은 것을 들어 도라는 것이 잠시도 떠날 수 없음을 밝히고 있다. 모두 공자의 말로 되어 있으며, 5절로 구성되었다.

子曰 "鬼神之爲德이 其盛矣乎인저.

공자가 말했다.

"귀신의 덕이 그 지극할 것이다.

【보】귀신(鬼神)의 덕이 성대함을 말하고 있다. 오늘날 인식하는 귀신이 아닌, 음양(陰陽)을 의미한다. 귀(鬼)는 귀(歸)와 통용되니 음(陰)을 말하고, 신(神)은 신(伸)과 통용되니 양(陽)을 뜻한다. 따라서 귀신의 덕이 지극하다는 말은 만물에 펼쳐진 음양의 조화가 지극하다는 말로 풀이 된다. 참고로 오늘날 '돌아가셨습니다'라고 쓰는 말 또한 이 귀(歸) 자를 이용한 것이다.
'위덕(爲德)'은 성정(性情), 공효(功效)의 뜻이다.

視之而弗見하며 聽之而弗聞이로되 體物而不可遺니라.

보아도 보이지 않으며 들어도 들리지 않지만 사물의 본체가 되어 빠뜨릴 수 없다.

【보】1절 '귀신의 덕이 지극함'에 대한 구체적 설명이다.
원문 '視之', '弗見', '聽之', '弗聞'에서의 '지(之)' 자가 가리키는 것은 귀신(鬼神)이다.

'체(體)'은 앞서 끝없이 넓고 광활함을 뜻한 '비(費)' 자와 그 쓰임이 같으니 '본체가 되다', '근간이 되다'는 뜻이다.

'불가유(不可遺)'는 귀신이 만물의 생사를 주간하기 때문에 이를 빠뜨릴 수 없다는 말이다.

使天下之人으로　齊明盛服하여　以承祭祀하고　洋洋乎如在其上하며 如在其左右니라.

(귀신이) 천하의 사람들로 하여금 재계하고 깨끗이 하며 의복을 성대하게 하여 제사를 받들게 하고 (부모님의 혼령이) 그 위에 가득 있는 듯하며 그 좌우에 가득 있는 듯하다.

【보】 1절 '귀신의 덕의 성대함'에 대한 실체를 증명하고 있다.

'사(使)'의 주체는 귀신을, 주어인 '귀신'이 생략된 형태이다.

'재명(齊明)'은 내(內)적인 마음을 가지런하고 깨끗하게 함을 말한다. 명(明)은 결(潔)의 뜻이다.

'성복(盛服)'은 외(外)적인 용모를 잘 갖추는 것이다.

'양양(洋洋)'은 물이 넘실넘실 충만한 모양이다. 이 글자 앞에 주어 '부모님의 혼령'을 넣으면 이해하기가 더 쉽다.

원문 '其左右'에서의 기(其)는 제사를 받는 사람을 지칭한다.

詩曰 '神之格思를 不可度(탁)思온 矧可射(역)思아.'하니,

『시경』에 '신께서 오심을 예측할 수 없는데 하물며 신을 싫어할 수 있겠는가.'라고 했다.

【보】『시경』「대아(大雅)」「억(抑)」을 인용하여 귀신의 덕의 성대함을 증명하고 있다. [視爾友君子, 輯柔爾顔, 不遐何有愆. 相在爾室, 尙不愧于屋漏, 無曰不顯, 莫予云覯. 神之格思, 不可度思, 矧可射思.]

'격(格)'은 '이를 격' 자로 쓰였으니 '강림'의 의미이다.

'사(思)'가 세 번 쓰였는데, 이는 『시경』에서 운은 맞추기 위한 어조사로 쓰였기 때문에 번역은 하지 않는다.

'신(矧)'은 '하물며[況]'의 뜻이다.

'역(射)'은 '싫어할 역'으로 쓰였다. 싫어하고 태만히 하여 공경하지 않는 것을 의미한다. 참고로 '쏠 사', '쏘아맞힐 석', '인명 야', '벼슬 야' 등의 훈과 음이 있다.

夫微之顯이니 誠之不可掩이 如此夫인저!"

은미한 것이 드러나니 진실함을 가릴 수 없음이 이와 같다!"

【보】귀신이 성대하게 된 이유를 밝히고 있다. 즉 감출 수 없음은 드러남을 가리키니, 거짓이 없는 세계는 천지조화 그 자체임을 거듭 말하고 있는 것이다.

'미(微)'는 본체의 은미함을 말하니 앞서 나온 '은(隱)'의 뜻이며, '현(顯)'은 본체의 큼을 말하니 앞서 나온 '비(費)'의 뜻이다.

'성(誠)'은 진실하고 망령됨이 없음을 말한다. 이는 천지의 조화를 뜻하기도 하니 귀신(鬼神)과도 그 문맥이 맞닿아 있는 문자이다. 『중용』에서의 핵심 글자이며, 이 장에서 처음 등장한다.

右는 第十六章이라.

이상은 제16장이다.

제17장

【보】이 장은 순임금이 덕으로 복을 얻고 하늘을 감격시킨 것에 대해 말하고 있다. 모두 5절로 되어 있다.

子曰 "舜은 其大孝也與신저. 德爲聖人이시고 尊爲天子시고 富有四海之內하사 宗廟饗之하시며 子孫保之하시니라."

공자가 말했다.

"순임금은 그 위대한 효자일 것이다. 덕은 성인이 되고, 높은 지위로는 천자가 되고, 부는 사해의 안을 소유했으며 (돌아가셔서는) 종묘에서 제사를 받들고 자손을 보존하셨다.

【보】순임금이 대효(大孝)로 칭송되는 총설(總說)에 해당된다. 살아서는 덕, 지위, 부를 지녔고, 죽어서는 종묘에 흠향되고 자손을 보존했으니 앞선 도의 비(費)에 해당된다고 볼 수 있다. '자손(子孫)'은 우사(虞思)와 진호공(陳胡公) 등을 말한다.

故로 大德은 必得其位하며 必得其祿하며 必得其名하며 必得其壽니라.

그러므로 대덕은 반드시 그 지위를 얻으며 반드시 그 녹을 얻으며 반드시 그 이름을 얻으며 반드시 그 장수를 얻는다.

【보】덕과 복이 대등한 위치에 있음을 대해 말하고 있다. 특히 사심(私心)이 없게 행동했을 경우 따르는 대가를 말하고 있다.

'기위(其位)'는 앞 절의 '尊爲天子'를 말한다.

'기명(其名)'은 앞 절의 '富有四海之內'를 가리킨다.

'기수(其壽)'는 순임금이 백열 살까지 산 것을 지칭한다.

故로 天之生物이 必因其材而篤焉하나니 故로 栽者를 培之하고 傾者를 覆(복)之니라.

그러므로 하늘이 물건을 낼 때 반드시 그 재질에 따라 돈독히 하기 때문에 심은 것을 북돋아 주고 기운 것을 엎어 버리는 것이다.

【보】 하늘이 성인에게 덕을 돈독히 했을 때의 복을 내려 줌을 말한다. 즉 하늘은 스스로 돕도록 계기를 마련한 자에게 도움을 준다는 의미이다. 뒤의 '기운 것을 엎어 버린다'는 것은 대를 맞추기 위한 대래설(帶來說)일 뿐 의미는 없다.

'재(材)'는 재질을 말하며, 원문 '必因其材而篤焉'는 그 재질을 받아들일 수 있다면 돈독하게 하늘이 해 준다는 의미이다.

'경자(傾者)'는 이미 기울어져 회복이 불가능한 것을 가리키니 예컨대 자포자기한 자 따위를 말한다.

'복지(覆之)'는 이런 사람은 하늘이 전복시킨다는 뜻이다.

詩曰 '嘉樂君子여 憲憲[顯顯]令德이로다. 宜民宜人이라 受祿于天이어늘 保佑命之하시고 自天申之라.'하니,

『시경』에 '아름다운 군자여 드러난 훌륭한 덕이로다. 백성을 잘 다스리고 벼슬한 사람을 잘 다스리니 하늘에게 녹을 받아 그를 보존하고 도와주며 그를 명하되 하늘로부터 거듭한다.' 하였다.

【보】인용된 『시경』「대아(大雅)」「가락(假樂)」에는 "假(嘉)樂
君子, 顯顯令德. 宜民宜人, 受祿于天. 保右(佑)命之, 自天申之."라
고 되어 있으니, 마땅히 가(假)는 가(嘉), 헌(憲)은 현(顯)이 되어
야 한다.
'신(申)'은 '거듭[重]'이다.

故로 大德者는 必受命이니라."

그러므로 큰 덕이 있는 자는 반드시 천명을 받는다."

【보】대덕을 지닌 자의 효용은 천명을 받음에 있다는 것이다.
'천명을 받는다'는 말은 하늘의 명에 따라 천자가 됨을 말한
다. 앞서 2절의 '大德, 必得其位'와 같은 말이다.

右는 第十七章이라.

이상은 제17장이다.

제18장

【보】문왕, 무왕, 주공이 중용의 도를 지극하게 실천했음을 밝
히고 있다.

**子曰 "無憂者는 其惟文王乎신저. 以王季爲父하시고 以
武王爲子하시니 父作之어시늘 子述之하시니라.**

공자가 말했다.

"우환이 없는 사람은 오직 문왕일 것이다. 왕계를 아버지로 삼고 무왕을 아들로 삼았으니, 아버지가 시작을 하고 아들이 그것을 이었으니.

【보】『대학』 전3장을 보면, "『시경』에 '거룩한 문왕이여, 아! 잇고 빛나고 공경하고 지극한 선에 그치셨다.' 하였으니, 사람들의 임금이 되어서는 인(仁)에 그치고, 사람의 신하가 되어서는 경(敬)에 그치시고, 사람의 자식이 되어서는 효(孝)에 그치시고, 사람의 부모가 되어서는 자(慈)에 그치시고, 국민과 더불어 사귀는 데에는 신(信)에 그치셨다."라고 하여, 문왕이 지어지선(止於至善)을 실천한 인물로 말하고 있으니 이와 궤를 같이 한다. 또한 『서경』 「무성(武成)」에 '왕계가 왕가를 위해 부지런히 힘썼다.'라고 했으니, 그 시작은 또한 공을 쌓고 인(仁)을 많이 하는 일로 볼 수 있다.

'왕계(王季)'는 왕업을 처음 시작한 사람이며, '무왕(武王)'은 왕업을 이룩한 사람이니, 문왕만이 근심이 없을 사람이라고 말하고 있는 것이다.

'작(作)'은 '시작(始作)'의 뜻이다.

'술(述)'은 '이을 술' 자로 쓰였다.

武王이 纘大(太)王王季文王之緖하사 壹戎衣而有天下하사되 身不失天下之顯名하사 尊爲天子시고 富有四海之內하사 宗廟饗之하시며 子孫保之하시니라.

무왕이 태왕·왕계·문왕의 왕업을 이어 한 번 융의를 입어 천하를 소유했지만, 몸은 천하의 훌륭한 이름을 잃지 않았고, 높은 지위는 천자가 되고, 부는 사해의 안을 소유하고, (죽어서는) 종묘에서 제사를 받고 자손을 보존하셨다.

【보】무왕(武王)의 자식으로서의 계승을 훌륭하게 행했음을 말하고 있다. 주의할 것은 앞 장과의 차이이다. 즉 순임금은 덕은 성인이 된 경지[德爲聖人]이지만, 무왕은 전쟁으로 왕업을 이은 것이다.

'태왕(大王)'은 왕계(王季)의 아버지이다.

'서(緒)'는 '왕업(王業)'을 말한다.

'융(戎)'은 착(着)의 뜻이며, '의(衣)'는 갑옷과 투구 등을 일컬으니 '융의(戎衣)'란 전쟁에 쓰이는 옷을 입었다는 뜻이다.

'신불실천하지현명(身不失天下之顯名)'은 전쟁을 하면 백성에게 원망을 살 만한 일인데도 그렇지 않았다는 의미이다.

武王이 末受命이어시늘 周公이 成文武之德하사 追王大王王季하시고 上祀先公以天子之禮하시니 斯禮也 達乎諸侯大夫及士庶人하여 父爲大夫요 子爲士어든 葬以大夫오 祭以士하며 父爲士오 子爲大夫어든 葬以士오 祭以大夫하며 期之喪은 達乎大夫하고 三年之喪은 達乎天子하니 父母之喪은 無貴賤一也니라.

무왕이 말년에 천명을 받자, 주공이 문왕·무왕의 덕을 이루어 태왕과 왕계를 추존하여 왕으로 높이고, 위로 선공을 천자의 예로써 제사를 지내니, 이 예가 제후와 대부 및 사서인에게까지 통했다. 아버지가 대부가 되고 아들이 사가 되었으면, 장례는 대부의 예로써 하고 제사는 사의 예로써 하였다. 아버지가 사가 되고 아들이 대부가 되었으면, 장례는 사의 예로써 하고 제사는 대부의 예로써 했다. 기년상은 대부에까지 이르고 삼년상은 천자에까지 이르렀으니, 부모의 상은 귀천에 무관하게 동일했다."

【보】주공(周公)이 무왕을 대신하여 자식으로서의 계승을 잘 한 것에 대한 말이다. 특히 장례와 제례와 관한 글이 있는바 요 컨대, 장례는 죽은 사람의 관작을 기준으로 하고, 제례는 산 사 람의 녹을 기준으로 한다. 상복은 기년으로부터 그 이하 제후는 없애고 대부는 9개월로 줄였는데, 부모의 초상만큼은 상하의 구분이 없음을 강조하고 있다.

'말(末)'은 '노년(老年)'을 뜻한다. 무왕이 말년에 천하를 통일 했고, 그의 동생인 주공이 예악과 문물을 정비한 것을 말한다.

'명(命)'은 천명(天命)을 말한다.

'추왕(追王)'은 '추존하여 왕으로 삼다'는 뜻이다.

'선공(先公)'은 태왕 이전을 가리킨다.

右는 第十八章이라.

이상은 제18장이다.

제19장

【보】앞 17장이 순임금의 대효(大孝)에 관해 말했다면 18장은 문왕, 무왕, 주공의 계승에 대해 말했고, 이 장에서는 무왕과 주 공의 달효(達孝)에 대해 말하고 있다. 모두 6절로 되어 있다.

子曰 "武王周公은 其達孝矣乎신저.

공자가 말했다.

"무왕과 주공은 누구나 공통으로 칭찬하는 효자이다.

【보】 위의 장과 마찬가지로 총설(總說)에 해당된다.

'달(達)'은 '공통(共通)'의 뜻이다.

夫孝者는 善繼人之志하며 善述人之事者也니라.

효는 사람의 뜻을 잘 계승하며 사람의 일을 잘 따르는 것이다.

【보】 무왕과 주공이 실천했던 효에 대한 말이지만, 의미를 확장하여 보면 도리상 마땅히 해야 할 바를 잘 실천하는 것이므로 반드시 위에 국한되지 않아야 함에 유의해야 한다. 즉 '선(善)'은 '시중(時中)'의 의미로 이해해야 할 것이다.

'인(人)'은 부모를 지칭한다.

春秋에 修其祖廟하며 陳其宗器하며 設其裳衣하며 薦其時食이니라.

봄과 가을에 선조의 사당을 수리하고 종묘의 귀중한 기물을 진열하며 그 선조 의상을 펴놓으며 그 제철 음식을 올린다.

【보】 종묘의 일에 중점을 둔 효의 행위이다.

'조묘(祖廟)'는 천자 7묘이고, 제후 5묘, 대부 3묘, 원사 2묘, 유사 1묘를 둔다.

'종기(宗器)'는 선대로부터 간직해 온 귀중한 기물로 그릇을 비롯하여 사용했던 칼 등을 말한다.

'상의(裳衣)'는 선조가 입었던 옷이다. 이를 펼쳐 놓는 것은 그 흔적을 잊지 않기 위함이다.

'시식(時食)'은 사계절 제때 맞는 음식으로 이를테면 송편이나 떡국 등을 말한다.

宗廟之禮는　所以序昭穆也오　序爵은　所以辨貴賤也오　序
事는　所以辨賢也오　旅酬에　下　爲上은　所以逮賤也오　燕毛
는　所以序齒也니라.

종묘의 예는 소목을 차례로 하기 위함이고, 관작을 차례대로 하는
것은 귀천을 분별하고자 함이고, 일을 차례대로 맡기는 것은 어진 이
를 분별하고자 함이고, 여럿이 술을 권할 때에 아랫사람이 윗사람을
위해 술잔을 올리는 것은 천한 사람에게까지 이르고자 함이고, 잔치
할 때에 머리카락의 색으로 차례대로 하는 것은 나이를 분별하고자
함이다.

【보】선조께서 가까이 했던 분들 모두를 사랑한다는 뜻에 비
추어 아랫사람에게까지 모두 대접한다는 말이다.
　'종묘지례(宗廟之禮)'는 왼쪽이 소(昭)가 되고 오른쪽이 목(穆)
이 된다. 즉 소목(昭穆)이란 종묘에 조상들의 신주를 모셔 두는
차례인데, 시조는 중앙에 모시고, 2세·4세·6세는 시조의 왼쪽
에 모시는데 이를 '소(昭)'라 하고, 3세·5세·7세는 시조의 오른
쪽에 모시는데 이를 목(穆)이라 한다.『주례(周禮)』「춘관소종백
(春官小宗伯)」에 이에 대해 자세히 나와 있다.
　후손들 또한 이로써 차례를 삼아 태묘에 제사가 있으면, 자손
과 형제 중 여러 소와 목이 모두 있어 그 차례를 잃지 않음을
말한다.
　'작(爵)'은 공(公)·후(侯)·경(卿)·대부(大夫)이다.
　'사(事)'는 제사의 일을 말하며 구체적으로는 제사를 집행하는
유사(有司)가 맡은 일을 말한다.
　'여(旅)'는 '무리'의 뜻이다.

'수(酬)'는 오늘날 음복(飮福)의 술을 말한다. 즉 여럿이 술을 권하는 예에 손님의 아우, 아들, 형제의 아들까지 모두 술잔을 어른에게 올리고 서로서로 술을 권하므로 천한 자에게까지 미쳐 공경을 펴게 하는 것이다.

'상(上)'은 부형(父兄)을 말한다.

'연모(燕毛)'는 제사를 마치고 잔치를 할 때, 머리카락의 색으로써 어른과 어린이를 분별하여 앉는 차례를 정하는 것이다.

'치(齒)'는 '나이'를 말한다.

踐其位하여　行其禮하며　奏其樂하며　敬其所尊하며　愛其所親하며　事死如事生하며　事亡如事存이　孝之至也니라.

(종묘에 가서) 선조의 신위를 밟으면서 그 예를 행하고, 그 음악을 연주하며 그 존경하던 사람을 존경하고, 그 가까이 했던 분들을 사랑하며, 죽은 사람 섬기는 것을 마치 산 사람 섬기듯 하고, 돌아가신 분 섬기는 것을 마치 살아계시는 분 섬기듯 하는 것이 효의 지극함이다.

【보】무왕과 주공이 실천했던 효의 지극함에 말하고 있다. 역시 이로 말미암아 보통 사람에게도 해당되는 지효(至孝)이다.

'기위(其位)'는 선조의 신위(神位)를 말한다.

'기소존(其所尊)'과 '기소친(其所親)'은 선왕의 조고(祖考), 자손(子孫), 신하(臣下) 등을 말한다.

'사(死)'는 처음 죽었을 때를 말하고, '망(亡)'은 이미 장례를 치르고 돌아 없어진 때를 말하니, 전자는 장례이전이며 후자는 장례 이후를 말한다. 특히 '돌아가신 분을 섬기는 것을 마치 산 분을 섬기듯 하다'는 것은 그 분의 호흡이나 의식, 체온까지도 산 사람을 섬기듯 한다는 의미가 있다.

郊社之禮는　所以事上帝也오　宗廟之禮는　所以祀乎其先也
니　明乎郊社之禮와　禘嘗之義면　治國은　其如示諸掌乎인저."

교·사의 예는 상제를 섬기는 것이고, 종묘의 예는 그 선조를 섬기
는 것이다. 교·사의 예와 체·상의 뜻에 밝으면 나라를 다스리는 것
은 그 손바닥 위에 놓고 보는 것처럼 쉬울 것이다."

【보】 위의 절에 이어 효의 지극함이 제사에 대해 말하고 있다.
　'교(郊)'는 하늘에 제사를 지내는 것이다. 대개 천단(天壇)인 원
구(圓丘)에서 동짓날 양(陽)이 발생함을 제사지낸다.
　'사(社)'는 땅에 제사를 지내는 것이다. 사직(社稷)에서 하짓날
음(陰)이 발생함을 제사지낸다.
　'체(禘)'는 천자의 종묘 중 큰 제사이다. 태조(太祖)로부터 시조
(始祖)를 태묘(太廟)에 추제(追祭)하고 태조를 배향(配享)한다.
　'상(嘗)'은 가을 제사이다. 종묘의 제사를 봄에는 사(祠), 여름
에는 약(禴), 가을에는 상(嘗), 겨울에는 증(烝)이라고 한다. 사시
(四時)에 모두 제사하는데, 그 중의 하나를 들었을 뿐이다.
　원문 '明乎郊社之禮, 禘嘗之義'를 호문법(互文法)이라 한다. 즉
'교·사의 예의와 체·상의 예의를 밝게 안다면'이라는 말이다.
즉 예라는 것은 반드시 의를 포함하고 있고, 의 또한 예를 포함
하고 있다는 의미이다.

右는　第十九章이라.

이상은 제19장이다.

제20장

【보】어진 사람이 있으면 정사가 거행됨에 대해 말하고 있으니, 종합하여 말하면 수신(修身)에 초점이 맞추어져 있다. 즉 인의예지용(仁義禮智勇)으로써 몸을 닦으면 오달도(五達道)가 되고 펼치면 구경(九經)이 됨을 말하고 있다. "在下位, 不獲乎上, 民不可得而治矣."가 잘못 절에 들어가 있어 이를 제외하면 20절로 구성되어 있다. 『중용』의 글 가운데 가장 긴 글이다.

哀公이 問政한대,

애공이 정사에 대해 묻자,

【보】'애공(哀公)'은 노(魯)나라 임금으로, 이름은 장(蔣)이다.
'정(政)'은 '인정(仁政)' 즉 어진 정사의 축약형으로 쓰였다.

子曰 "文武之政이 布在方策하니 其人이 存則其政이 擧하고 其人이 亡則其政이 息이니이다.

공자가 말했다.
"문왕과 무왕의 정사가 방책에 펼쳐져 있으니, 그 사람이 있으면 그 정사가 실천되고 그 사람이 없으면 그 정사가 사라집니다.

【보】하은주 삼대의 정사가 주나라에 이르러 갖추어졌으니 이를 본받으면 어진 정사가 펼쳐질 수 있음을 말하고 있다. 즉 어진 정사의 표본을 문왕과 무왕의 정사로 본 것이다.
'방(方)'은 '판자'이고, '책(策)'은 '죽간(竹簡)'을 말한다.

'기인(其人)'은 문왕과 무왕 같은 사람을 가리킨다.
'식(息)'은 '사라지다[滅]'는 뜻이다.

人道는 敏政하고 地道는 敏樹하니 夫政也者는 蒲盧也니이다.

사람의 도는 정사에 빠르게 나타나고 땅의 도는 나무에 빠르게 나타나니, 정사의 빠른 효과는 쉽게 자라는 갈대와 같습니다.

【보】문왕과 무왕처럼 훌륭한 사람이 있다면, 어진 정사가 펼쳐지는 것은 매우 쉬움을 말하고 있다.
'인도(人道)'는 작위적인 것이다.
'포로(蒲盧)'는 '갈대'이다. 이는 식물 가운데 가장 빠른 반응을 보이는 것이니, 정사의 효능을 이에 비유한 것이다.

故로 爲政在人하니 取人以身이요 修身以道요 修道以仁이니이다.

그러므로 정사를 행하는 것은 사람에게 달려 있으니 사람을 취하되 몸으로써 하고 몸을 닦되 도로써 하고 도를 닦되 인으로써 해야 합니다.

【보】위의 절을 이어 정사의 효과가 빠르니 그 근원이 위정자의 수신(修身)에 달려 있음을 밝히고 있다. 즉 임금이 정사를 하는 것은 훌륭한 사람을 얻는 데 있고, 훌륭한 인재를 취하는 방법은 바로 자신의 수신에 있다는 것이다.
'재인(在人)'은 '재어득인(爲政在於得人)'의 축약형이다. 즉 어진 정사를 하는 것은 훌륭한 인재를 얻는 데 있다는 말이다.

'인(人)'은 어진 신하를 가리킨다.

'신(身)'은 임금 자신을 지칭한다.

仁者는 人也니 親親이 爲大하고 義者는 宜也니 尊賢이 爲大하니 親親之殺(쇄)와 尊賢之等이 禮所生也니이다.

인은 사람의 몸이니 어버이(친척)를 가까이 하는 것이 크고, 의는 마땅한 것이니 어진 이를 높이는 것이 큽니다. 어버이를 가까이 하는 것의 낮춤과 어진 이를 높이는 등급이 예가 생겨난 이유입니다.

【보】앞 절의 도를 닦되 인으로써 한다는 이른바 수도이인(修道以仁)의 뜻을 밝히고 있다.

'인(人)'은 사람 그 자체를 말한다.

'의(宜)'는 시의적절을 뜻한다.

'쇄(殺)'는 줄여서 하는 것을 뜻한다. 예컨대 친부(親父)가 3년 상이라면, 백부(伯父)와 숙부(叔父)는 1년상이며, 자매나 종형제(從兄弟)의 경우 9개월상을 지내는 것 등을 의미한다.

(在下位하여 不獲乎上이면 民不可得而治矣리라)

(아래 지위에 있으면서 윗사람에게 신임을 얻지 못하면 백성을 다스리지 못할 것이다.)

【보】이 장의 16절에 있는 말이다. 잘못 들어간 문장이다.

故로 君子는 不可以不修身이니 思修身인댄 不可以不事親이오 思事親인댄 不可以不知人이오 思知人인댄 不可以不知天이니라.

그러므로 군자는 (어진 신하를 얻기 위해서는) 몸을 닦지 않을 수 없으니, 몸을 닦을 것을 생각한다면 어버이를 섬기지 않을 수 없고, 어버이 섬길 것을 생각한다면 사람을 알지 않을 수 없고, 사람 알 것을 생각한다면 하늘의 이치를 알지 않을 수 없습니다.

【보】 앞 4, 5절을 소결(小結)한 문장이다. 역시 수신(修身)에 초점이 맞추어져 있다.
'사친(事親)'은 친친(親親)과 같은 말이다.

天下之達道 五에 所以行之者는 三이니 曰君臣也父子也夫婦也昆弟也朋友之交也 五者는 天下之達道也오 知仁勇三者는 天下之達德也니 所以行之者는 一也니라.

천하의 공통된 도가 다섯 가지인데 이를 행하는 것은 세 가지입니다. 군신 간·부자간·부부 간·형제간·붕우 간 사귐 등 다섯 가지는 천하의 공통된 도입니다. 지·인·용 세 가지는 천하의 공통된 덕입니다. 이들을 모두 행하는 것은 하나입니다.

【보】 전언한 인(仁)에 대해 그 상세함을 들어 오달도(五達道)와 삼달덕(三達德)에 대해 말하고 있다. 특히 오달도는 『맹자』에 보이는 오륜(五倫)과 같은 것이고, 삼달덕은 오달도를 실행시킬

수 있는 원동력과 같은 것이다. 무엇보다도 삼달덕을 행하는 데 있어서 중요한 것은 '성(誠)' 자 한 글자, 즉 성실하게 부지런히 함에 있음도 유의해야 한다.

'달(達)'은 '통(通)'과 늘 통한다.

'일(一)'은 성(誠)을 말한다. 뒤 15절에 다시 나온다.

或生而知之하며　或學而知之하며　或困而知之하나니　及其知之하야는　一也니라.

或安而行之하며　或利而行之하며　或勉强而行之하나니　及其成功하야는　一也니라."

어떤 사람은 태어나면서부터 공통된 도를 알고, 어떤 사람은 배워서 그것을 알고, 어떤 사람은 곤혹스럽게 그것을 알지만 그것을 아는 데에 이르러서는 매 한가지입니다. 어떤 사람은 편안하게 그것을 실행하고, 어떤 사람은 이롭게 여겨 그것을 실행하고, 어떤 사람은 억지로 힘써 그것을 실행하지만 그 성공에 이르러서는 매 한가지입니다."

【보】공통된 덕으로 공통된 도를 실행하는 데 있어서 사람마다 자질이 달라 빨리 실천하는 사람이 있는가 하면 더디게 실천하는 사람이 있지만 완성에 이른 것으로 보면 똑같다. 즉 현인(賢人)이나 보통 사람이 같은 것이니 억지로라도 백 곱절 노력하여 완성에 힘써에 한다는 것이다.

분별하여 말하면, 아는 것은 지(智), 행하는 것은 인(仁), 알고 행하여 똑같음에 이르는 것은 용(勇)이다.

등급으로 말하면 생지(生知)와 안행(安行)은 지(智), 학지(學知)와 이행(利行)은 인(仁), 곤지(困知)와 면행(勉行)은 용(勇)이다.

'지지(知之)'와 '행지(行之)'의 지(之) 자는 앞 절의 '달도(達道)'를 가리킨다.

(子曰) **好學**은 **近乎知**하고 **力行**은 **近乎仁**하고 **知恥**는 **近乎勇**이니라.

(공자가 말했다.) 학문을 좋아하는 것은 지에 가깝고, 힘써 행하는 것은 인에 가깝고, 부끄러움을 아는 것은 용에 가깝습니다.

【보】 '자왈(子曰)' 두 글자는 잘못 들어간 글자[衍文]로 보며 읽지 않는다. 애공이 "삼지(三知)와 삼행(三行) 다음은 무엇입니까?"라고 물어본 것에 대하여, 공자가 삼근(三近)을 설명하는 과정에서 앞이 생략된 것으로 본다. 즉 이 절은 앞서 언급한 공통된 덕에 이르지 못할 경우 최소한 여기에 가까운 호학(好學), 역행(力行), 지치(知恥)로써 세 가지 공통된 덕에 가까운 것[三近]을 제시하고 있는 것이다. 다시 말해 학문을 좋아하는 것이 '지'라고 볼 수는 없지만 어리석음은 벗어날 수 있고, 힘써 행하는 것이 '인'이라 볼 수는 없지만 삿된 마음은 잊을 수 있고, 부끄러움을 아는 것이 '용'이라 볼 수는 없지만 나약한 데에서 벗어날 수는 있는 것이다.

知斯三者則知所以修身이오 **知所以修身則知所以治人**이오 **知所以治人則知所以治天下國家矣**리라.

이 세 가지 삼근을 알면 자신의 몸을 수양할 줄 알고, 자신의 몸을 수양할 줄 알면 남을 다스리는 것을 알고, 남을 다스리는 것을 알면 천하와 국가를 다스리는 것을 알 것입니다.

【보】 이 절은 앞의 내용에 대해 작은 결론을 말하고, 아래 절

에 보이는 구경(九經)의 단서를 제시하고 있다. 즉 앞서 계속 강
조했던 팔조목(八條目)의 중심인 수신(修身)에 대해 언급하고 이
에 확장하여 평천하(平天下)에 이름을 말하고 있는 것이다.

'사삼(斯三)'은 앞 절의 '삼근(三近)'을 지칭한다.

凡爲天下國家　有九經하니　曰　修身也와　尊賢也와　親親
也와　敬大臣也와　體群臣也와　子庶民也와　來百工也와　柔
遠人也와　懷諸侯也니라.

무릇 천하와 국가를 다스리는 데에는 아홉 가지 떳떳한 법이 있으
니, 몸을 닦음, 어진 이를 높임, 친척을 가까이 함, 대신을 공경함, 여
러 신하들의 마음을 살핌, 여러 백성들을 자식처럼 사랑함, 백공들을
오게 함, 먼 지방의 사람을 회유함, 제후들을 은혜롭게 함 등입니다.

【보】 앞 절의 평천하(平天下)에 대한 그 조목을 구경(九經)으로
제시함으로써 상세히 밝힌 절이다. 수신(修身)부터 체군신(體群
臣)까지는 조정 안의 일에 해당되며, 자서민(子庶民)으로부터 회
제후(懷諸侯)까지는 조정 밖의 일에 해당된다.

'경(經)'은 '떳떳할 경'으로 쓰였다.

'체(體)'는 임금이 그 처지에 처한 것처럼 생각하여 그 마음을
살피는 것을 뜻한다.

'자(子)'는 부모가 그 자식을 사랑하듯이 하는 것이다.

'유원인(柔遠人)'은 손님과 나그네를 잊지 않는다는 뜻이다.

修身則道立하고　尊賢則不惑하고　親親則諸父昆弟　不怨
하고　敬大臣則不眩하고　體群臣則士之報禮　重하고　子庶民
則百姓이　勸하고　來百工則財用이　足하고　柔遠人則四方이

歸之하고 懷諸侯則天下 畏之니라.

몸을 닦으면 도가 서게 되고, 어진 이를 높이면 현혹되지 않고, 친척을 가깝게 대하면 여러 아버지와 형제들이 원망하지 않고, 대신을 공경하면 혼란하지 않고, 여러 신하들의 마음을 살피면 선비들의 보답하는 예가 중하고, 여러 백성을 사랑하면 백성이 권면하고, 백공을 오게 하면 재정이 넉넉하고, 먼 지방의 사람들을 회유하면 사방의 사람들이 돌아오고, 제후들을 은혜롭게 하면 천하가 두려워합니다.

【보】 구경(九經)의 공효에 대해 밝히고 있다.
　‘수신(修身)’의 공효는 도가 자기 몸에 이루어져 백성에게 모범이 되기 때문에 도가 서는 것이다.
　‘존현(尊賢)’의 공효는 이치에 부합되므로 의혹이 없는 것이다.
　‘제부(諸父)’는 백부(伯父), 중부(仲父), 숙부(叔父)를 말한다.
　‘경대신(敬大臣)’은 대신을 공경함으로써 일에 혼란을 초래하지 않음을 말한다.
　‘체군신(體群臣)’은 임금이 신하의 입장에서 생각하기 때문에 반대로 선비들은 임금을 대하는 예가 중하게 된다.
　‘자서민(子庶民)’은 백성을 자식처럼 대하는 것이니, 그 공효는 백성 서로가 이를 모범으로 삼아 자식을 사랑하는 마음으로 권명하는 데 있다.
　‘래백공(來百工)’의 공효는 기술이 통하고 일을 바꿔 하여 농업과 상공업이 서로 의지하므로 국가의 재정이 풍족해지는 것이다.
　‘유원인(柔遠人)’은 여행객을 따뜻하게 대하는 것으로 그렇게 되면 이들이 소문을 듣고 나라를 찾아 오히려 나라의 풍족함이 더해지는 결과로 이어진다.
　‘사방(四方)’은 주변국을 의미한다.
　‘회제후(懷諸侯)’의 공효는 덕의 베풀어짐이 넓고 위엄의 제어하는 바가 넓어지기 때문에 천하가 두려워하는 것이다.

齊明盛服하야 非禮不動은 所以修身也오 去讒遠色하며 賤
貨而貴德은 所以勸賢也오 尊其位하며 重其祿하며 同其好
惡(오)는 所以勸親親也오 官盛任使는 所以勸大臣也오 忠信重
祿은 所以勸士也오 時使薄斂은 所以勸百姓也오 日省月試
하야 旣(희)稟(름)稱事는 所以勸百工也오 送往迎來하며 嘉善而
矜不能은 所以柔遠人也오 繼絶世하며 擧廢國하며 治亂持
危하며 朝聘以時하며 厚往而薄來는 所以懷諸侯也니라.

재계하여 마음을 깨끗이 하고 옷을 성대하게 하여 예가 아니면 행
동하지 않는 것은 몸을 닦는 것입니다. 참소하는 이를 제거하고 여색
을 멀리 하며 재물을 천하게 여기고 덕을 귀하게 여기는 것은 어진
사람을 권면하는 것입니다. 그 지위를 높여 주고 녹을 많이 주며 좋
아함과 싫어함을 함께 하는 것은 친척을 가까이 하는 것을 권면하는
것입니다. 관속을 많이 두어 부릴 사람을 마음대로 맡게 하는 것은
대신을 권면하는 것입니다. 충신으로 대하고 녹을 많이 주는 것은 선
비들을 권면하는 것입니다. 한가한 때 부역을 시키고 세금을 적게 거
두는 것은 백성들을 권면하는 것입니다. 날로 살펴보고 달로 시험하
여 창고에서 녹을 주고 일에 맞추어 하는 것은 백공을 권면하는 것입
니다. 가는 사람을 전송하고 오는 사람을 맞이하며 잘하는 사람을 가
상하게 여기고 능하지 못한 자를 가엾게 여기는 것은 먼 지방 사람을
회유하는 것입니다. 끊어진 제후를 이어주고 망해가는 나라를 일으켜
주며 혼란한 나라를 다스려 주고 위태로운 나라를 붙들어 주며 조회

와 빙문을 때에 따라 하고, 가는 것을 후하게 하고 오는 것을 박하게 하는 것은 제후들을 은혜롭게 하는 것입니다.

【보】구경(九經)의 일에 대해 말하고 있다. 특히 '소이(所以)'가 반복해서 쓰인 것으로 보아 마땅히 해야 할 바를 강조한 말이다. 앞 절이 공효이며 이 절이 그 공부이니 순서로 따진다면 응당 바뀌어 있다. 이는 애공의 마음을 감동시키고자 한 것으로 봐야 한다.

'제명성복(齊明盛服)'은 마음을 밝고 깨끗하게 하고 성대하게 의복을 갖춰 입는 것을 말한다.

'관성임사(官盛任使)'는 관속(官屬)이 많아 사령(使令)을 충분히 맡길 수 있음을 뜻한다. 이는 대신(大臣)들이 사소한 일에 신경을 쓰지 않게 하기 위함이다.

'일성월시(日省月試)'는 백공들의 업적을 제대로 평가하는 것을 말한다.

'희(旣)'는 '녹봉 희' 자로 쓰였으니, 희름(餼廩)'은 녹봉이다.

'조(朝)'는 제후가 천자를 찾아뵙는 것이며, '빙(聘)'은 제후가 대부로 하여금 천자의 나라에 와서 예물을 올리게 하는 것이다. 『예기』「왕제(王制)」에 '매년마다 한 번 작은 빙문을 올리고, 3년에 한 번 큰 빙문을 올리고, 5년에 한 번 조회한다.' 하였다.

'후왕박래(厚往薄來)'는 잔치와 하사를 후하게 하고, 공물 바치는 것을 박하게 하는 것을 말한다.

凡爲天下國家 有九經하니 所以行之者는 一也니라.

무릇 천하와 국가를 다스리는 데에는 구경이 있으니 이를 행하는 것은 매한가지입니다.

【보】구경(九經)의 실제가 바로 성(誠)임을 밝히고 있다.

'일(一)'은 성(誠)을 지칭한다. 만일 구경 가운데 한 가지라도 성실하지 못하면 안 됨을 말한다.

**凡事는　豫則立하고　不豫則廢하나니　言前定則不跲하고
事前定則不困하고　行前定則不疚하고　道前定則不窮이니라.**

모든 일은 미리 준비하면 성립되고 미리 준비하지 않으면 성립되지 못합니다. 말을 미리 설정하면 엎어질 일이 없고, 일을 미리 설정하면 곤궁하지 않고, 행동을 미리 설정하면 결함이 없고, 도를 미리 설정하면 궁해지지 않습니다.

> 【보】7절의 '所以行之者, 一也.'와 14절의 '所以行之者, 一也.'를 이어 말한 것으로 성(誠)에 귀결된다.
> '범사(凡事)'는 앞서 나왔던 달도(達道)·달덕(達德)·구경(九經) 등을 말한다.
> '예(豫)'는 평소 미리미리 정하는 것을 말한다. 뒤의 정(定) 자와 부합된다.
> '도(道)'는 앞의 언(言), 사(事), 행(行)보다 포괄적 의미로 사용되었다.

**在下位하여　不獲乎上이면　民不可得而治矣리라.　獲乎上
이　有道하니　不信乎朋友면　不獲乎上矣리라.　信乎朋友
有道하니　不順乎親이면　不信乎朋友矣리라.　順乎親이　有道
하니　反諸身不誠이면　不順乎親矣리라.　誠身이　有道하니
不明乎善이면　不誠乎身矣리라.**

아랫자리에 있으면서 윗사람에게 믿음을 얻지 못하면 백성을 다스리지 못할 것입니다. 윗사람에게 믿음을 얻는 데에 방법이 있으니 벗에게 믿음을 얻지 못하면 윗사람에게 믿음을 얻지 못할 것입니다. 벗에게 믿음을 얻는 데에 방법이 있으니, 어버이에게 순하지 못하면 벗에게 믿음을 얻지 못할 것입니다. 어버이에게 순하게 하는 데에 방법이 있으니 자기 몸에 돌이켜보아 성실하지 못하면 어버이에게 순하지 못할 것입니다. 몸을 성실히 하는 데에 방법이 있으니 선을 밝게 알지 못하면 몸을 성실히 하지 못할 것입니다.

> 【보】아랫자리에 있는 사람이 평소 미리미리 정해야 하는 뜻을 유추하여 말한 절이다. 요컨대 자기 몸에 돌이켜보아 성실해야 함을 말한다.
> '하위(下位)'는 신하를, '상(上)'은 임금을 지칭한다.
> '도(道)'는 방법을 뜻한다.
> '순(順)'은 '순히 섬기다'는 말이다.

誠者는　天之道也요　誠之者는　人之道也니　誠者는　不勉而中하며　不思而得하여　從容中道하나니　聖人也요　誠之者는　擇善而固執之者也니라.

성실한 사람은 하늘의 도이고, 성실히 하려는 자는 사람의 도입니다. 성실한 사람은 힘쓰지 않아도 도에 딱 맞으며, 생각하지 않고도 알아서 자연스레 도에 딱 맞으니 성인입니다. 성실히 하려는 사람은 선을 가려 굳게 잡는 사람입니다.

> 【보】'성자(誠者)'란 진실하고 망령됨이 없는 것으로 천리의 본연 그 자체이다. 그러나 '성지자(誠之者)'는 진실하지 못한 점

을 부지런히 행하니 인사인 것이다. 따라서 이 절은 사람으로서 마땅히 진실해야 되는 이유를 밝히고 있다.

'중(中)'은 '딱 알맞을 중' 자로 쓰였다.

'득(得)'은 터득의 뜻으로 쓰였다.

'종용(從容)'은 자연스럽고 여유 있는 모습을 뜻한다.

'택선(擇善)'과 '고집(固執)'은 앞서 성인의 경지를 생지(生知)로 표현한 데 대한 반대적 의미로, 예컨대 '학지(學知)'와 '곤지(困知)', '이행(利行)'과 '면강행(勉强行)' 등이 이에 속한다.

博學之하며 審問之하며 愼思之하며 明辨之하며 篤行之니라.

널리 배우고 자세히 묻고 신중히 생각하고 밝게 분변하고 독실하게 실천해야 합니다.

【보】이른바 성(誠)의 조목(條目)이다. 박학(博學)·심문(審問)·신사(愼思)·명변(明辯)은 지(知)에 해당되며 앞선 언급한 택선(擇善)도 이에 해당된다. 독행(篤行)은 행(行)에 해당되며 앞서 언급한 고집(固執)이 이에 해당된다. 결국 학문의 목적과 이를 실천에 옮기는 성실함은 바로 이 지행(知行)에 귀결되고 있음을 알 수 있다.

有弗學이언정 學之인댄 弗能이어든 弗措也하며 有弗問이언정 問之인댄 弗知어든 弗措也하며 有弗思언정 思之인댄 弗得이어든 弗措也하며 有弗辨이언정 辨之인댄 弗明이어든 弗措也하며 有弗行이언정 行之인댄 弗篤이어든 弗措也하여 人一能之어든 己百之하며 人十能之어든 己千之니라.

배우지 않음이 있을지언정 배울진댄 능하지 못하거든 놓지 말며, 묻지 않음이 있을지언정 물을진댄 알지 못하거든 놓지 말며, 생각하지 않음이 있을지언정 생각할진댄 알지 못하거든 놓지 말며, 분변하지 않음이 있을지언정 분변할진댄 분명하지 못하거든 놓지 말며, 행하지 않음이 있을지언정 행할진댄 독실하지 못하거든 놓지 말아, 남이 한 번에 능하거든 나는 백 번을 하며, 남이 열 번에 능하거든 나는 천 번을 하여야 합니다.

【보】 배움이란 잘하지 못하는 것을 잘하도록 하는 것을 말한다. 따라서 군자의 배움은 하지 않으면 그만이지만 배운다면 반드시 그 배운 것을 완성해야 한다. 그러므로 항상 그 배운 것을 백배로 하는 것이니, 이는 곤경을 겪으면서 도를 아는 곤이지지자(困而知之者)나 애써 알고 힘써서 행하는 사람인 면강이행지자(勉强而行之者)의 일이자 용(勇)의 일에 해당된다. 이른바 인백기천(人百己千)의 고사가 여기에서 유래했다.
  '조(措)'는 '그만둘 조'로 쓰였다.

果能此道矣면 雖愚나 必明하며 雖柔나 必强이니라.

과연 이 방법을 잘하면 비록 어리석은 사람일지라도 반드시 밝아지며, 비록 유약한 사람일지라도 반드시 강해집니다.

【보】 앞서 보통사람의 백배 공부가 미치는 효용에 대해 말하고 있으니, 유가에서 말하는 인간성 회복, 성선(性善) 회복이 이에 해당된다. '명(明)'은 택선(擇善)의 효용이며, '강(强)'은 고집(固執)의 효용인 것이다.
  '과연 이와 같이 한다면[果能此道]'은 '백 곱절의 공부를 한다면'의 뜻이다.

右는 第二十章이라.

이상은 제20장이다.

제21장

【보】21장부터 32장까지는 모두 자사의 말이다. 20장에서 공자가 말한 천도(天道)와 인도(人道)에 대해 반복하여 설명하고 있다.

自誠明을   謂之性이요   自明誠을   謂之敎니   誠則明矣요 明則誠矣니라.

성(誠)으로부터 밝아지는 것을 성(性)이라 이르고, 명으로부터 성실해지는 것을 교라 이른다. 성실하면 밝아지고, 밝아지면 성실해진다.

【보】한대(漢代)에 동중서(董仲舒, ?-B.C.104)의 천인상관설(天人相關說)이 유행했다면, 송대(宋代)에는 천인합일설(天人合一說)이 유행했다. 하늘이 부여해준 성품을 간직하여 덕이 성실하고 밝음을 비추는 자가 곧 성인의 덕이자 하늘의 도이다. 결국 성실해지면 밝음이 있고 밝아지면 성실함에 도달할 수 있으니 이것이 바로 천인합일로 설명할 수 있는 것이다.

右는 第二十一章이라.

이상은 제21장이다.

제22장

【보】천도(天道)에 대해 말하고 있다.

唯天下至誠이아　　爲能盡其性이니　　能盡其性則能盡人之性
이오　　能盡人之性則能盡物之性이오　　能盡物之性則可以贊天
地之化育이오　可以贊天地之化育則可以與天地參矣니라.

오직 천하에 지극히 성실한 자만이 능히 그 성을 다할 수 있으니 그
성을 다하면 능히 사람의 성을 다할 것이고, 사람의 성을 다하면 능히
물건의 성을 다할 것이고, 물건의 성을 다하면 천지의 화육을 도울 것
이고, 천지의 화육을 도우면 천지와 더불어 동참하게 될 것이다.

【보】지성(至誠)과 진성(盡性)의 공효를 밝히고 있다.
　'천하지성(天下至誠)'은 '천하지성자(天下至誠者)'이며 이는 성
인을 지칭한다.
　'찬(贊)'은 '돕다[助]'의 뜻으로 쓰였다.
　'화육(化育)'은 변화를 주는 것을 화(化), 없었던 것을 새롭게
만드는 것을 육(育)이라 한다.
　'여천지참(與天地參)'은 천지와 함께 셋이 되는 것을 말하며
이는 천지인(天地人) 삼재(三才)를 말하는바 성(誠)으로 말미암
아 밝아지는 자의 일이다.

右는 第二十二章이라.

이상은 제22장이다.

제23장

【보】인도(人道)를 말하고 있다.

**其次는 致曲이니 曲能有誠이니 誠則形하고 形則著하고
著則明하고 明則動하고 動則變하고 變則化니 唯天下至誠
이아 爲能化니라.**

그 다음은 일부분을 지극히 하는 것이니 일부분이라도 지극히 하
면 능히 성실할 수 있다. 성실하면 드러나고, 드러나면 더욱 드러나
보이고, 더욱 드러나면 광채가 나고, 광채가 나면 감동시키고, 감동시
키면 변하고, 변하면 화할 수 있다. 오직 천하에 지극히 성실한 사람
이어야 능히 화할 수 있다.

【보】일부분이라도 지극히 하면 덕이 성실해져서, 형(形)·저
(著)·동(動)·변(變)의 공효가 저절로 따르며, 이것이 쌓여 능히
화(化)함에 이르면 지성자(至誠者)에 이른다는 말이다.
'기차(其次)'의 기(其)는 천하지성자(天下至誠者)를 지칭하니
'기차'란 그에 버금가는 사람을 말한다.
'치(致)'는 미루어 지극히 하는 것이다.
'곡(曲)'은 '한쪽, 일부분'의 뜻이며, '성(誠)'은 곡(曲)의 반대의
뜻으로 쓰인 전체를 말하며 내(內)를 의미한다.
'형(形)'은 속에 쌓여 밖에 드러나는 것으로 외(外)를 의미하며,
'저(著)'는 더 드러나 보이는 것이다.
'명(明)'은 드러나 광채가 나는 것을, '동(動)'은 성실함이 남을
감동시키는 것을 의미한다.
'변(變)'은 남이 따라 변하는 것이고, 화(化)는 완전히 탈바꿈하
는 것을 말한다.

右는 第二十三章이라.

이상은 제23장이다.

제24장

【보】천도(天道)에 관한 말이다.

至誠之道는 可以前知니 國家將興에 必有禎祥하며 國家
將亡에 必有妖孼하야 見(현)乎蓍龜(귀)하며 動乎四體라 禍福
將至에 善을 必先知之하며 不善을 必先知之니 故로 至誠
은 如神이니라.

지극한 성의 도는 사전에 미리 알 수 있으니, 국가가 장차 일어나
려면 반드시 상서로운 조짐이 있고, 국가가 장차 망하려면 반드시 요
망한 조짐이 있어 시초점과 거북점에 나타나기에 사체에 움직인다.
그리하여 화복이 장차 이름에 좋을 것을 반드시 먼저 알며 좋지 않을
것을 반드시 먼저 알기 때문에 지극한 성은 귀신과 같다.

【보】지성자(至誠者)의 지혜에 관해 말하고 있다.
'전지(前知)'는 오늘날 예언과 같은 의미이다.
'정상(禎祥)'은 복(福)의 조짐, '요얼(妖孼)'은 화(禍)의 조짐이다.
'시(蓍)'는 『주역』으로 점을 치는 것이고, '귀(龜)'는 거북으로
점을 치는 것으로 시초점보다 큰 점이다.
'선(善)'은 좋은 일을 의미한다.
'신(神)'은 귀신(鬼神)을 이른다.

右는 第二十四章이라.

이상은 제24장이다.

제25장

【보】인도(人道)에 관한 말이다. 모두 3절이다.

誠者는 自成也오 而道는 自道也니라.

성은 스스로 이루어지는 것이요, 도는 스스로 닦아나가야 할 도이다.

> 【보】진실[誠]이란 사람에게 간절한 것임을 밝히고 있다. 즉
> '성(誠)'은 물건이 스스로 이루어지는 것이고, '도(道)'는 사람이
> 마땅히 스스로 행하여야 하는 것이다. 이는 인간에 중점을 둔
> 구절이지만 실제는 '성(誠)=도(道)=성(性)'이라는 공식을 보여주
> 고 있다.
> 　원문을 '誠者는 (物之)自成也오 而道는 (人之)自道也니라.'로
> 이해하면 좋다.

誠者는 物之終始니 不誠이면 無物이라 是故로 君子는 誠之爲貴니라.

성은 물건의 끝과 처음이니 성실하지 못하면 사물이 없게 된다. 이
러한 까닭에 군자는 성실히 하는 것을 귀하게 여긴다.

【보】진실해야 되는 이유를 밝히고 있다. 앞 절의 자성야(自成也)를 이 절에서는 물지종시(物之終始)로, 자도야(自道也)는 성지위기(誠之爲貴)로 보충하고 있다. 즉 만물은 모두 이치가 있고 끝과 처음이 있기 때문에 이러한 이치를 얻은 뒤에야 만물이 있을 수 있다. 만일 이 이치가 다하여 없어진다면 만물도 또한 없어지는 결과가 된다. 따라서 사람의 마음에 이러한 이치를 얻기 위해서는 반드시 성실해야 한다. 만일 한번이라도 성실하지 못하다면 이는 만물이 없는 것과 같기 때문에 군자는 반드시 성실히 함을 귀하게 여기는 것이다.

'종(終)'은 사(死)의 개념으로, '시(始)'는 '생(生)'의 개념으로 보면 이해가 쉽다. 즉 진리에 의해 만물은 태어나고 죽는 것이다.

誠者는 非自成己而已也라 所以成物也니 成己는 仁也요 成物은 知也니 性之德也라 合內外之道也니 故로 時措之宜也니라.

성(誠)은 스스로 자기만을 이룰 뿐이 아니라 남도 이루어 준다. 자기를 이루는 것은 인이고, 남을 이루어 주는 것은 지이다. 성(性)의 덕이므로 내외를 합친 도이므로 때로 둠에 마땅한 것이다.

【보】진실[誠]이 이루어진 뒤에 얻는 공효이다. '성(誠)'이 비록 자기를 완성하는 것이지만 이미 자신을 완성하면 자연스럽게 그것이 남에게까지 영향을 미치는 것이다.

'시조지의(時措之宜)'가 이른바 '중용의 도'이다.

右는 第二十五章이라.

이상은 제25장이다.

제26장

【보】 '천도(天道)'에 관한 장이며 모두 10절이다.

故로 至誠은 無息이니,

그러므로 지극한 성은 쉼이 없다.

【보】 본 장의 가장 핵심이 되는 절이다. 이 절을 중심으로 아래 다섯 절은 천지의 지극한 성이 쉼 없을 경우에 나타나는 공효, 기능, 이유 등을 설명하고 있으며, 다음 세 절은 성인의 지극한 성의 쉼이 없을 때의 공효, 마지막 절은 『시경』의 인용을 통해 입증하고 있다.

'지성무식(至誠無息)'은 『주역』의 "天行健, 君子以, 自彊不息"에서의 자강불식(自强不息)과 그 의미가 통한다.

不息則久하고 久則徵하고,

쉬지 않으면 오래되고, 오래되면 징험이 나타난다.

【보】 지성무식(至誠無息)에 대한 효과이다. 쉬지 않음이 쌓이고 쌓이면 구(久)가 된다.

'구(久)'는 마음에 늘 떳떳함이다.

'징(徵)'은 밖으로 나타나는 것을 말한다.

徵則悠遠하고 悠遠則博厚하고 博厚則高明이니라.

징험이 나타나면 아득히 멀어 가고, 아득히 멀어 가면 드넓고 두터워지고, 드넓고 두터워지면 높고 밝게 된다.

博厚는 所以載物也요 高明은 所以覆(부)物也요 悠久는 所以成物也니라.

드넓고 두터움은 물건을 실어 주는 것이고, 높고 밝은 것은 물건을 덮어 주는 것이고, 아득하고 오래됨은 사물을 완성해 주는 것이다.

博厚는 配地하고 高明은 配天하고 悠久는 無疆이니라.

드넓고 두터움은 땅을 짝하고, 높고 밝음은 하늘을 짝하고, 아득하고 오래됨은 끝이 없는 것이다.

如此者는 不見(현)而章하며 不動而變하며 無爲而成이니라.

이와 같은 자는 보여주지 않아도 드러나며, 움직이지 않아도 변하며, 행위가 없어도 완성된다.

【보】 자연에 의하여 천지에 짝이 됨을 찬탄하고 있다. '보여주지 않아도 드러난다'는 것은 앞 절의 '땅을 짝한다'는 것으로써 말한 것이고, '움직이지 않아도 변한다'는 것은 '하늘을 짝한다'는 것으로써 말한 것이고, '행위가 없어도 완성된다'는 것은 '끝이 없다'는 것으로써 말한 것이다.
'장(章)'은 '드러나다'의 뜻이다.

天地之道는 可一言而盡也니 其爲物이 不貳라 則其生物이 不測이니라.

하늘과 땅의 도는 한마디 말로써 다할 수 있으니, 그 사물 되는 것은 둘이 아니기에 그 사물을 내는 것은 측량할 수 없다.

【보】 천지의 도는 많지만 이를 한 마디의 말로 압축할 수 있으니 그것은 바로 성(誠)이며 이는 다시 끝도 없는 세계로 나아간다는 말이다. [多 → 一言 → 不測] 이 절부터 이하 세 절은 하늘과 땅을 인용하여 지극한 성을 밝히고 있다.
'천지지도(天地之道)'는 '성인지도(聖人之道)'와 같은 말이다.
'일(一)'은 '성(誠)'을 가리킨다.

天地之道는 博也厚也高也明也悠也久也니라.

하늘과 땅의 도는 드넓음, 두터움, 높음, 밝음, 아득함, 오래됨이다.

【보】천지의 도가 성실하고 한결같아 변하지 않으므로 그 성(盛)함을 지극히 하여 아래 글의 물건을 내는 공(功)이 있음을 말씀한 것이다.

今夫天이 斯昭昭之多니 及其無窮也하야는 日月星辰이 繫焉하며 萬物이 覆(부)焉이니라. 今夫地 一撮土之多니 及其廣厚하야는 載華嶽而不重하며 振河海而不洩하며 萬物이 載焉이니라. 今夫山이 一卷石之多니 及其廣大하야는 草木이 生之하며 禽獸 居之하며 寶藏이 興焉이니라. 今夫水 一勺之多니 及其不測하야는 黿鼉蛟龍魚鼈이 生焉하며 貨財 殖焉이니라.

지금 하늘은 조금 밝은 것이 많지만 그 무궁한 데에 이르러서는 해·달·별들이 매여 있고 만물이 덮여 있다. 지금 땅은 한 줌의 흙이 많지만 그 드넓고 두터운 데에 이르러서는 화산을 싣고 있으면서도 무겁게 여기지 않고 하해를 거두어 있으면서도 새지 않으며 만물이 실려 있다. 지금 산은 한 줌의 돌이 많이 모인 것이지만 그 넓은 데에 이르러서는 풀과 나무가 자라고 날짐승과 들짐승이 살며 보물이 나온다. 지금 물은 한 잔의 물이 많이 모인 것이지만 그 헤아릴 수 없는 데에 이르러서는 큰 자라·악어·이무기·용·물고기·작은 자라 등이 살며 재물이 번식하게 된다.

【보】천(天)・지(地)・산(山)・수(水) 네 항목을 통해 모두 변하지 않고 쉬지 않아 성대하여 사물을 내는 뜻을 밝힌 것이다.

'소소(昭昭)'는 조금 밝은 것으로 어느 한 쪽을 밝게 한 것을 의미한다.

'화악(華嶽)'은 남방 지역의 화산(華山)을 가리킨다.

'보장(寶藏)'은 인간의 생활에 필요한 것을 말한다.

'진(振)'은 '거둘 진'으로 쓰였다.

'원(黿)'과 '별(鼉)'은 큰 자라와 작은 자라를 가리킨다.

詩云 '維天之命이 於⒪穆不已라.'하니 蓋曰天之所以爲天也오 '於乎不顯가 文王之德之純이여.'하니 蓋曰文王之所以爲文也니 純亦不已니라.

『시경』에 '하늘의 명이, 아! 그윽하고 심오하여 그치지 않는다.'라고 했으니, 이는 하늘이 하늘이 된 이유를 말한 것이다. (『시역』에) '아! 드러나지 않는가? 문왕의 덕의 순수함이여!'라고 했으니, 이는 문왕이 문왕이 된 이유를 말한 것이니 순수하고 또한 그침이 없다.

【보】『시경』「주송(周頌)」「유천지명(維天之命)」을 통해 수절(首節)의 지성무식(至誠無息)을 입증하고 있다.

'오(於)'는 감탄사(感歎辭)이다.

'목(穆)'은 그윽하고 심오한 것을 말한다.

右는 第二十六章이라.

이상은 제26장이다.

제27장

【보】 인도(人道)를 말한 장이다. 인도의 용맹으로써 광대하고 은미한 도를 쌓아 이루어 나가는 과정을 서술하고 있다. 모두 7절이다.

大哉라 聖人之道여,

위대하다, 성인의 도여!

【보】 아래의 두 절에 자세히 나와 있다. 칭송을 하기 위해 먼저 한 말이니 일명 도치법에 해당된다.

洋洋乎發育萬物하야 峻極于天이로다.

넘실넘실 만물을 발육시켜 높고 큼이 하늘에 다하였다.

【보】 성인의 도가 지극히 높고 큼을 말하고 있다.
'준(峻)'은 높고 큼을 말한다.[高大]

優優大哉라 禮儀三百과 威儀三千이로다.

넉넉하고 크도다! 예의 삼 백 가지와 위의 삼 천 가지가.

【보】 예의와 위의는 도에 중점을 두고 있다. 앞 절에서 성인의 도의 광대함[費]에 대해 말했다면, 이 절에서는 도가 작은 곳

[隱] 어디든 들어가 틈이 없음을 말하고 있다.
　'우우(優優)'는 넉넉하고 남음이 있는 뜻이다.
　'예의(禮儀)'는 큰 예[經禮]를, '위의(威儀)'는 작은 예[曲禮]를 말한다. 즉 예의는 관혼상제와 같이 큰 예를 가리키며, 위의는 삼년상이나 기년상 따위를 가리킨다.

待其人而後에 行이니라.

그 사람을 기다린 뒤에 행해진다.

　【보】2절과 3절에 대해 맺는 말이다.
　'기인(其人)'은 성인의 도를 실천할 수 있는 사람을 말한다.
　'행(行)'은 성인의 도를 실천함을 의미한다.

故로 曰 '苟不至德이면 至道 不凝焉이라.'하니라.

그러므로 '진실로 지극한 덕이 아니면 지극한 도는 성취할 수 없다.'고 말한 것이다.

　【보】'지덕(至德)'과 '지도(至道)'를 말하여 그 완성을 언급하고 있다. 지덕과 지도가 크고 작은 덕과 도를 다 했을 때를 말한다.
　'왈(曰)'은 '옛말에 이르기를'의 의미가 담겨 있다.
　'응(凝)'은 물이 모인 것을 뜻하는데, 여기서는 완성, 성취의 뜻이다.

故로 　君子는 　尊德性而道問學이니 　致廣大而盡精微하며 極高明而道中庸하며 　溫故而知新하며 　敦厚以崇禮니라.

그러므로 군자는 덕성을 높이되 학문으로부터 시작하니, 넓고 큰 것을 지극히 하되 정밀하고 은미한 것을 다하며, 높고 밝은 것을 지극하게 하되 중용으로 시작하며, 옛 것을 익혀 새로운 것을 알며 두터운 바를 돈독하게 하여 예를 높이는 것이다.

【보】 덕을 닦는 공부에 관한 말이다. 이를 실천한다면 성인의 도로 들어갈 수 있다.

'군자(君子)'는 지극한 덕을 갖춘 사람을 지칭한다.

'도(道)'는 '길을 따르다'와 '말미암다[由]'의 뜻으로 각기 두 번 쓰였다.

'존덕성(尊德性)'은 마음을 보존하여 도의 실체의 큼을 다하는 것이니, 치광대(致廣大), 극고명(極高明), 온고(溫故), 돈후(敦厚) 등을 말한다.

'도문학(道問學)'은 지식을 지극히 하여 도의 실체의 세세함을 다하는 것이니, 진정미(盡精微), 도중용(道中庸), 지신(知新), 숭례(崇禮) 등을 말한다. 존덕성과 도문학 이 두 가지는 덕을 닦고 도를 모으는 커다란 지표가 된다.

'광대(廣大)'는 무한함을 의미한다.

'고명(高明)'은 삿된 욕심이 없는 고상하고 밝은 경지이다.

'온(溫)'은 '따뜻하게 데움'의 뜻이니 국을 다시 데워 따뜻하게 하는 것처럼 예전에 배운 것을 다시 익히는 것을 말한다.

'고(故)'는 예전에 알던 지식을 가리킨다.

'돈후(敦厚)'는 원래 두터운 바를 더욱 돈독하게 두텁게 하는 것이다.

是故로 居上不驕하며 爲下不倍(패)라. 國有道에 其言이 足以興이요 國無道에 其黙이 足以容이니 詩曰 '旣明且哲 하야 以保其身이라.' 하니 其此之謂與인저.

이런 까닭에 윗자리에 있으면서 교만하지 않고 아랫사람이 되어서
는 배반하지 않는다. 나라에 도가 있을 때 그 말이 시행되기에 넉넉
하고, 나라에 도가 없을 때 그 침묵이 몸을 용납하기에 넉넉하다.『시
경』에 '이미 밝고 또 밝아 그 몸을 보전한다.'라고 했으니 이를 말한
것이리라.

【보】도를 닦아 덕을 완성한 모습을 말한 것이다.
　『시경』「대아(大雅)」「증민(烝民)」에 "肅肅王命, 仲山甫將之.
邦國若否, 仲山甫明之. 旣明且哲, 以保其身, 夙夜匪解, 以事一
人."라는 구절이 있다. 여기에서 명철보신(明哲保身)이라는 말이
나왔다.
　'패(倍)'는 '도리에 어긋날 패' 자로 쓰였다.
　'흥(興)'은 벼슬에 나가 지위를 얻어 그 말이 시행되는 것까지
를 모두 아우른 말이다.
　'용(容)'은 형벌을 당하지 않음을 뜻한다.

右는 第二十七章이라.

이상은 제27장이다.

제28장

【보】27장의 '아랫사람이 되어서는 배반하지 않는다.'는 것을
이어 말하고 있다. 인도(人道)에 관한 것으로 모두 5절이다.

子曰　"愚而好自用하며　賤而好自專이요　生乎今之世하여

反古之道면 如此者는 災及其身者也니라.”

공자가 말했다.

“어리석으면서 스스로 씀을 좋아하며 비천하면서 자기 마음대로 하기를 좋아하고 지금 세상에 태어나서 옛 도를 회복하려고 한다면, 이와 같은 자는 재앙이 그 몸에 미친다.”

> 【보】 성인의 반대 모습을 예로 들어 노력하지 않으면 더욱 어리석은 사람이 되고 그 폐해가 반드시 자신에게 이를 것임을 말하고 있다.
> ‘우(愚)’는 성(聖)의 반대 개념으로 쓰였다.
> ‘자용(自用)’는 스스로 씀이니 예컨대 예악과 같은 것을 자기 마음대로 만들어 쓰는 것을 말한다. 이른바 『주역』에 “自用卽小”라는 말이 있으니 이에 해당된다.
> ‘천(賤)’은 천자(天子)의 반대 개념으로 쓰였다.
> ‘자전(自專)’은 ‘자기 멋대로’라는 말이다.
> ‘반(反)’은 회복함이다. 현실과 맞지 않는데도 억지로 예전의 도로 되돌아가려고만[反古]만 한다면 이 또한 어리석은 짓이다.

非天子면 不議禮하며 不制度하며 不考文이니라.

천자가 아니면 예를 논하지 못하며 제도를 만들지 못하며 문자를 제정하지 못한다.

> 【보】 이는 아랫사람을 대상으로 한 말이다. 이 절부터 이하는 모두 자사의 말이다.
> ‘의(議)’는 ‘정함[定]’의 뜻에 가깝다.
> ‘예(禮)’는 가까움과 멂, 귀하고 천한 자들이 서로 대하는 본체

를 말한다.
　'도(度)'는 '제한이나 규정'을 말한다.
　'문(文)'은 모든 문자나 용어 등을 통칭한다.

今天下 車同軌하며 書同文하며 行同倫이니라.

　지금 천하의 수레는 수레바퀴의 폭이 같으며 글은 문자가 같으며
행동은 차례가 같다.

　【보】앞 절의 예절에 대한 의논, 법도의 제정, 문자의 제정 등
이 천자로부터 나왔음을 말하고 있다.
　'금(今)'은 자사 당시를 지칭한다.
　'궤(軌)'는 '궤폭(軌幅)'을 말한다.
　'윤(倫)'은 차서(次序)이다. 세 가지가 모두 같음은 천하가 하나
로 통일되었음을 말한 것이다.

雖有其位이나　苟無其德이면　不敢作禮樂焉이며　雖有其德
이나 苟無其位면 亦不敢作禮樂焉이니라.

　비록 그 지위를 갖고는 있지만 진실로 그 덕이 없으면 감히 예악을
만들지 못하며, 비록 그 덕을 갖고는 있지만 진실로 그 지위가 없으
면 또한 감히 예악을 만들지 못한다.

　【보】예악의 제정은 반드시 성인이 천자의 지위에 있어야 함
을 말한 것이다.
　'기위(其位)'는 임금의 지위이고, '기덕(其德)'은 성인의 덕이다.

子曰 "吾說(설)夏禮나 杞不足徵也오 吾學殷禮호니 有宋이 存焉이어니와 吾學周禮호니 今用之라 吾從周호리라."

공자가 말했다.

"내가 하나라의 예를 말할 수 있지만 기나라가 증거를 넉넉히 대주지 못하고, 내가 은나라의 예를 배웠지만 송나라가 있고, 내가 주나라 예를 배웠지만 지금 이를 쓰고 있으니, 나는 주나라의 예를 따르겠다."

【보】공자는 삼대인 하은주(夏殷周)의 예를 배워 그 뜻을 말할 수 있었다. 다만 하나라 예는 이미 고증할 수 없고, 은나라의 예는 남아 있어도 당시의 법이 아니었다. 오직 주나라 예가 바로 당시 왕의 제도이고 쓰고 있는 것이니, 공자가 이미 지위를 얻지 못했다면 주나라 예를 따를 뿐임을 말하고 있다.
'징(徵)'은 증거를 대는 것을 말한다.
'기(杞)'는 하나라 후손의 나라이다.
'송(宋)'은 은나라 후손의 나라이다.

右는 第二十八章이라.

이상은 제28장이다.

제29장

【보】27장의 '윗자리에 있으면서 교만하지 않는다'에 대해 말하고 있다. 인도(人道)에 관한 말이며, 모두 6절이다.

王天下 有三重焉하니 其寡過矣乎인저.

천하를 왕도정치로 다스리는 데에는 세 가지 중요한 것이 있으니 (이를 행한다면) 그것은 잘못이 적어질 것이다.

【보】앞선 의례와 제도와 고문은 천자만이 제정할 수 있고 이를 잘 실천에 옮긴다면, 백성은 허물이 적어질 것임을 말하고 있다.

'왕(王)'에 대해 주자는 '치(治)'로 풀었다.

'삼중(三重)'은 의례(議禮)·제도(制度)·고문(考文)이다.

上焉者는 雖善이나 無徵이니 無徵이라 不信이오 不信이라 民 弗從이니라. 下焉者는 雖善이나 不尊이니 不尊이라 不信이오 不信이라 民 弗從이니라.

상고시대의 것이 비록 좋지만 증거를 댈 수 없으니, 증거를 댈 수 없기 때문에 믿지 않고, 믿지 않기 때문에 백성은 따르지 않는다. (성인으로서) 아랫자리에 있는 사람은 비록 좋으나 자리가 높지 못하니, 자리가 높지 못하기 때문에 믿지 않고, 믿지 않기 때문에 백성은 따르지 않는다.

【보】28장 5절 "吾說夏禮, 杞不足徵也, 吾學殷禮, 有宋, 存焉, 吾學周禮."를 참고하면 좋다. 즉 상고시대 예가 좋지만 상고할 수 없고, 공자가 비록 예를 알고 있지만 지위가 높지 못하여 제정할 수 없음을 하나는 상언(上焉)으로 하나는 하언(下焉)으로 바꾸어 말하고 있다.

'상언(上焉)'은 상고시대의 증거를 댈 수 없는 시대이다.

'하언(下焉)'은 지위가 높지 않은 성인을 말한다.

故로 君子之道는 本諸身하여 徵諸庶民하며 考諸三王而 不謬하며 建諸天地而不悖하며 質諸鬼神而無疑하며 百世 以俟聖人而不惑이니라.

이 때문에 군자의 도는 자기 몸에 근본을 삼아 여러 백성에게 징험 하며, 삼왕에게 상고하여도 틀리지 않으며, 천지에 세워도 어그러지 지 않으며, 귀신에게 따져도 의심이 없으며, 백세에 성인을 기다려도 의혹되지 않는 것이다.

【보】군자의 도란 천하의 왕이 제정한 예의와 제도와 문자의 제정이며, 이것이 백성을 통해 드러나고 전대의 왕들의 업적에 비춰도 틀리지 않고 여기저기 참고해도 어긋남이 없고 귀신의 조화처럼 딱 맞으면 먼 훗날 성인에게 물어도 반드시 옳을 것 이라는 의미이다. 본저신(本諸身) 이하를 육사(六事)라고 한다.
'군자(君子)'는 천하의 왕을 가리킨다.
'도(道)'는 삼중(三重-議禮·制度·考文)을 말한다.
'본(本)'은 자신의 몸에다가 덕을 쌓는 것을 말한다.
'립(立)'은 세워서 여기저기 참고한다는 의미이다.
'귀신(鬼神)'은 음양의 조화, 즉 만사의 이치이다.
'백세(百世)'는 먼 훗날을 의미한다.

質諸鬼神而無疑는 知天也오 百世以俟聖人而不惑은 知 人也니라.

귀신에게 질정해도 의심이 없다는 것은 하늘을 아는 것이고, 백세에 성인을 기다려도 의혹되지 않는다는 것은 사람을 아는 것이다.

> 【보】예악과 문물이 잘 제정된 것이 바로 지천(知天)과 지인(知人)에 있음을 밝히고 있다. 즉 하늘을 알고 사람을 안다는 것은 그 이치를 잘 아는 것이므로 그 이치를 잘 알고 예악과 문물을 정비한다면 옳지 않은 것이 없을 것이다.

是故로　君子는　動而世爲天下道니　行而世爲天下法하며 言而世爲天下則이라. 遠之則有望하고　近之則不厭이니라.

이 때문에 군자는 언행에 대대로 천하의 법도가 되니, 하는 일마다 대대로 천하의 법도가 되며, 하는 말마다 대대로 천하의 준칙이 된다. 멀리 있으면 우러러봄이 있고, 가까이 있으면 싫지 않다.

> 【보】1절의 '허물이 적어질 것이다'라는 말에 대해 그 이유를 설명하고 있는 절이다. 즉 행동과 말이 천하 사람들의 법과 칙이 되기 때문에 허물이 적은 것이다.
> '행(行)'과 '언(言)'을 합치면 '동(動)'이 된다. '행(行)'은 복수사(複數詞)로 '행할 때마다'의 뜻이고, '언(言)' 또한 복수사로 '말할 때마다'의 의미로 쓰였다.
> '법(法)'과 '칙(則)'을 합치면 '도(道)'가 된다.
> '원지(遠之)'는 '군자를 멀리해도', 또한 '군자가 멀리 있어도'라는 의미로 늘 바라볼 수밖에 없는 법도가 된다는 말이다.

詩曰 '在彼無惡(오)하며　在此無射(역)이라　庶幾夙夜하야　以 永終譽라.'하니　君子　未有不如此而蚤有譽於天下者니라.

『시경』에 '저기에 있어도 미워하는 사람이 없으며, 여기에 있어도 싫어하는 사람이 없다. 거의 일찍 일어나고 밤늦게 자서 명예를 길이 마친다.'라고 했으니, 군자가 이렇게 하지 않고서 일찍이 천하에 명예를 둔 자는 있지 않다.

【보】『시경』「주송(周頌)」「진로(振鷺)」에 "在彼無惡, 在此無射. 庶幾夙夜, 以永終譽."라고 했다.
　'피(彼)'는 앞의 '멀리[遠]'라는 말과 같고, '차(此)'는 앞의 '가까이[近]'라는 말과 같다.
　'역(射)'은 '싫어할 역'으로 쓰였다.
　'여차(如此)'의 차(此)가 지칭하는 것은 본제신(本諸身) 이하 육사(六事)를 가리킨다.

右는 第二十九章이라.

이상은 제29장이다.

제30장

【보】천도(天道)에 관한 말이다. 또한 중용의 도가 공자에 의해 극진하게 되었음을 자사가 밝히고 있다. 모두 3절이다.

　仲尼는　祖述堯舜하시고　憲章文武하시며　上律天時하시고　下襲水土하시니라.

중니는 요임금과 순임금을 멀리 으뜸으로 삼아 전술하고 문왕과 무왕을 가까운 법으로 삼아, 위로는 천시를 따르시고 아래로는 수토를 인습했다.

【보】 공자의 완전한 학문의 경지를 찬미한 절이다.
'조(祖)'는 '아주 먼'의 뜻이고, '술(述)'은 전함을 의미하니 '조술(祖述)'이란 아주 멀리 훌륭한 임금의 도를 전술하는 것을 말한다.
'헌(憲)'과 '장(章)'은 모두 법(法)의 뜻으로 '헌장(憲章)'은 가까이서 법으로 삼아 잘 지킨다는 의미이다.
'천시(天時)'는 '자연의 운행'을, '수토(水土)'는 '자연 그 자체'를 말하므로 전자는 가변성을 후자는 불변성을 의미한다.

辟(비)如天地之無不持載하며　無不覆(부)幬하며　辟如四時之錯(착)行하며　如日月之代明이니라.

비유하면 하늘과 땅이 실어주지 않음이 없고 덮어주지 않음이 없는 것과 같으며, 비유하면 사계절이 교대하여 운행함과 같으며 해와 달이 교대하여 밝음과 같다.

【보】 공자의 위대한 덕을 천지와 사계절 그리고 일월로 비유하여 말하고 있다.
'비(辟)'는 '비유하다[譬]'의 뜻이다.
'지재(持載)'는 '실어주다'는 말이고, '부도(覆幬)'는 '덮어주다'는 의미이다.
'착(錯)'은 '서로 교대하다'는 뜻으로 쓰였으니, '섞일 착'으로 봐서는 안 된다.

萬物이　并育而不相害하며　道　并行而不相悖라.　小德은

川流오 大德은 敦化니 此 天地之所以爲大也니라.

만물이 함께 길러져 서로 해치지 않으며, 도가 함께 행하여 서로 위배되지 않는다. 작은 덕은 냇물의 흐름이고, 큰 덕은 화를 돈독하게 하니, 이는 천지가 위대함이 되는 이유이다.

【보】천지를 주로 하여 말한 것이다.
'패(悖)'는 '배(背)'의 뜻이다.
'도(道)'는 사계절의 해와 달의 도를 말한다.
'천류(川流)'는 시냇물처럼 분명하다는 의미이다.
'돈화(敦化)'는 변함을 더욱 돈독하게 하여 성대함이 끝이 없음을 말한다.

右는 第三十章이라.

이상은 제30장이다.

제31장

【보】지성의 덕에 대해 말하고 있다. 천도(天道)에 관한 설명이며, 모두 4절이다.

唯天下至聖이아 爲能聰明睿知 足以有臨也니 寬裕溫柔 足以有容也며 發强剛毅 足以有執也며 齊(재)莊中正이 足以有敬也며 文理密察이 足以有別也니라.

오직 천하의 지극한 성인이어야 귀가 밝고 눈이 밝으며 슬기롭고 지혜로워 넉넉하게 천하에 임할 수 있고, 너그럽고 여유 있고 온화하고 부드러워 넉넉히 천하를 용납할 수 있고, 분발하고 힘차고 굳세고 꿋꿋하여 넉넉히 천하를 잡을 수 있고, 가지런하고 씩씩하고 중도로 하고 올바르기에 넉넉히 천하를 공경할 수 있고, 문장을 잘 쓰고 조리가 있으며 자세하고 살피기를 잘 하여 넉넉히 천하의 모든 것을 분별할 수 있는 것이다.

【보】 덕이 성인의 내면에 산재해 있음을 세세하게 밝히고 있는 절이다.
  '지성(至聖)'은 성인을 말한다.
  '예(睿)'는 슬기로움을, '지(知)'는 모두 아는 것을 말하니 다소의 차이가 있다.
  '임(臨)'은 위에 군림하며 아래에 있는 것으로 그 아래가 바로 인(仁)·의(義)·예(禮)·지(智)의 덕(德)이다.
  '관유온유(寬裕溫柔)', '발강강의(發强剛毅)', '재장중정(齊莊中正)', '문리밀찰(文理密察)'는 모두 총명예지를 바탕으로 한다.
  '강(强)'은 이기는 것, 강(剛)은 굽히지 않음, '의(毅)'는 꺾이지 않는 것을 각각 말한다.
  '재(齊)'는 언해본에 의해 '재'로 독음한다. 실제 '재계할 재(齋)' 자와 '가지런할 제(齊)' 자는 통용되기도 한다.
  '문(文)'은 문장(文章), '이(理)'는 조리(條理)를 말한다.

溥(보)博淵泉하야 而時出之니라.

두루 넓으며 고요하고 깊어 수시로 덕들이 나온다.

【보】 앞 절의 다섯 가지의 덕(聰明睿知, 寬裕溫柔, 發强剛毅,

齊莊中正, 文理密察을 보박연천(溥博淵泉)으로 표현하고 있다.

'보박(溥博)'은 두루두루 넓음을 뜻한다.

'연천(淵泉)'은 고요하고 깊음을 말한다.

'출(出)'은 드러남이며, '지(之)'가 지칭하는 것은 앞 절의 오덕(五德)이다.

溥博은 如天하고 淵泉은 如淵하니 見(현)而民莫不敬하며 言而民莫不信하며 行而民莫不說(열)이니라.

두루 넓음은 하늘과 같고 고요하고 깊음은 못과 같으니, 얼굴만 보여도 백성 가운데 공경하지 않는 자가 없고, 말을 하면 백성 가운데 믿지 않는 자가 없고, 행동하면 백성 가운데 기뻐하지 않는 자가 없다.

【보】 충적(充積)함이 그 성(盛)함을 지극히 하고 발현됨이 그 옳음에 합당함을 말씀한 것이다.

是以로 聲名이 洋溢乎中國하여 施(이)及蠻貊하여 舟車所至 와 人力所通과 天之所覆(부)와 地之所載와 日月所照와 霜露 所隊(추)에 凡有血氣者 莫不尊親하나니 故로 曰配天이니라.

이 때문에 성명이 중국에 넘쳐 오랑캐에 뻗쳐 배와 수레가 이르는 바와 인력이 통하는 바와 하늘이 덮어주는 바와 땅이 실어주는 바와 해와 달이 비추는 바와 서리와 이슬이 내리는 바에 모든 혈기를 가지고 있는 것들이 존경하고 친애하지 않음이 없어 '하늘과 짝한다.'라고 말한 것이다.

【보】 바깥에 나타나는 것으로부터 사람들에 미치는 것까지 모두 하늘과 짝하지 않는 것이 없는 성인의 내면을 말하고 있다.

'이(施)'는 '미칠 이' 자로 쓰였다.

'주거소지(舟車所至)'는 수레가 가는 곳, '인력소통(人力所通)'은 수레가 가지 못하면 인력이라도 가는 곳, '천지소부(天之所覆)', '지지소재(地之所載)', '일월소조(日月所照)', '상로소추(霜露所隊)' 등 하늘 땅 그 모든 곳을 말한다.

'추(隊)'는 '떨어질 추(墜)' 자로 쓰였다.

'존(尊)'은 임금처럼 존경을, '친(親)'은 어버이처럼 사랑을 하는 것을 의미한다.

右는 第三十一章이라.

이상은 제31장이다.

제32장

【보】 지성의 도에 대해 말하고 있다. 31장이 지성(至聖)으로 시작하고, 32장이 지성(至誠)으로 시작한 것을 보면, 앞이 외적인 면을 이 장은 내적인 면을 설명하고 있음을 알 수 있다. 천도(天道)에 관한 말이며, 모두 3절이다.

唯天下至誠이아　　爲能經綸天下之大經하며　　立天下之大本하며 知天地之化育이니 夫焉有所倚리오.

오직 천하에 지극히 성실한 사람이어야 능히 천하의 큰 법을 다스리며 천하의 대본을 세우며 천지의 화육을 알 수 있으니 어찌 의지할

바 있겠는가.

【보】 덕의 전체적인 면과 그 공효는 자연에서 나왔음을 밝히고 있다. 또한 덕이 돈독하게 된 이유이기도 함을 말하고 있다.
'지성(至誠)'은 역시 공자를 지칭한다.
'경륜(經綸)'은 다스림을 말한다. '경(經)'은 실마리를 다스려 나누는 것을, '윤(綸)'은 비슷한 것을 나란히 하여 합하는 것을 각각 말한다.
'대경(大經)'은 인륜(人倫)의 도를 말하니, 오륜(五倫)을 말한다.
'대본(大本)'은 본성에 간직하고 있는 전체를 말한다.
'화육(化育)'은 조화를 뜻한다.
'의(倚)'는 남에게 의지하는 것이니, '어찌 의지할 바 있겠는가'라는 말은 자신에게 달려 있음을 반어사로 강조한 것이다.

肫(준)肫其仁이며　淵淵其淵이며　浩浩其天이니라.

지극한 그 인이며 깊은 그 못이며 드넓은 그 하늘이다.

【보】 성대란 덕을 드러내 그 근원이 어디에 있는가를 밝히고 있으며, 동시에 성인에 대한 평가이다.
'준준(肫肫)'은 간곡하고 지극한 모양이다. 앞 절의 '經綸天下之大經'으로써 말한 것이다.
'연연(淵淵)'은 고요하고 깊은 모양이다. 앞 절의 '立天下之大本'으로써 말한 것이다.
'호호(浩浩)'는 넓고 큰 모양이다. 앞 절의 '知天地之化育'으로써 말한 것이다.

苟不固聰明聖知達天德者면　其孰能知之리요.

만일 진실로 귀 밝고 눈 밝고 슬기롭고 지혜로워 하늘의 덕을 통달한 사람이 아니라면 그 누가 성인을 알 수 있겠는가.

【보】오직 성인만이 성인을 알 수 있음을 거듭 강조하고 있다.
〔能知聖人〕

右는 第三十二章이라.

이상은 제32장이다.

제33장

【보】공부하는 사람의 자세에 대하여 덕의 입문과정으로부터 완성단계를 여덟 차례『시경』을 인용하여 말하고 있다. 덕(德)자에 중점을 두고 있다. 특히 이 장은『중용』수장(首章)과 상응하며 전편을 끝맺고 있으니 같이 보면 좋다. 모두 6절이다.

詩曰 ‘衣錦尙絅이라.’하니　惡(오)其文之著也라　故로　君子之道는　闇然而日章하고　小人之道는　的然而日亡하나니　君子之道는　淡而不厭하며　簡而文하며　溫而理니　知遠之近하며　知風之自하며　知微之顯이면　可與入德矣리라.

『시경』에 ‘비단옷을 입고 홑옷을 위에 입는다.’고 했으니, 그 문채가 드러남을 싫어하기 때문에, 군자의 도는 은은하지만 날로 드러나고, 소인의 도는 또렷하다가 날로 없어진다. 군자의 도는 담박하면서도 싫지 않고 간략하면서도 화려하고 온화하면서도 조리가 있으니,

멀리 천하와 국가의 치란이 가까운 내 몸으로부터 시작함을 알고, 풍모의 유래가 마음으로부터 시작함을 알며, 은미한 마음이 몸으로 드러나는 것을 안다면 더불어 덕에 들어갈 수 있을 것이다.

【보】 초학자로서 자신이 해야 할 일을 위하는 공부[爲己之學]에 대해 말하고 있으며, 이것이 바로 입덕(入德)이라는 것이다.

『시경』「위풍(衛風)」「석인(碩人)」에 "碩人其頎, 衣錦褧衣. 齊侯之子, 衛侯之妻, 東宮之妹, 邢侯之姨, 譚公維私."하고 했고, 「정풍(鄭風)」「봉(丰)」에 "衣錦褧衣, 裳錦褧裳. 叔兮伯兮, 駕予與行."라고 했다.

'의(衣)'는 '옷을 입다'라는 동사로 사용되었다.

'상(尙)'은 '더할 상 자로 쓰였다.

'경(絅)'은 '홑옷'이다.

'리(理)'는 빈틈없는 조리를 뜻한다.

'원지근(遠之近)'은 저기에 나타나는 것이 여기에서 말미암는 것을 말하니, 천하 국가를 평안하게 하는 것은 수신으로부터 말미암는다는 것과 같다.

'풍지자(風之自)'는 밖에 드러나는 것은 안을 근본으로 삼은 것을 말하니, 풍모와 같은 외모가 마음으로부터 비롯된다는 의미이다.

'미지현(微之顯)'은 안에 간직한 것이 밖으로 드러나는 것이니, 은미한 마음이란 몸 밖으로 드러난다는 말이다.

詩云 '潛雖伏矣나 亦孔之昭라.'하니 故로 君子는 內省不疚하여 無惡於志(오)하나니 君子를 之所不可及者는 其唯人之所不見乎인저.

『시경』에 '잠긴 것이 비록 엎드려 있으나 또한 매우 밝다.'라고 했으니, 그러므로 군자는 내심을 살펴 잘못이 없어 마음에 부끄러움이 없으니 군자를 따를 수 없는 것은 오직 사람들이 보지 않는 바이다.

【보】 남들이 볼 수 없는 것은 바로 신독(愼獨)에 있으니, 이 절
은 군자의 신독에 대해 밝힌 것이다.
『시경』「소아(小雅)」「정월(正月)」에 "魚在于沼, 亦匪克樂. 潛
雖伏矣, 亦孔之炤. 憂心慘慘, 念國之爲虐."이라는 구절이 있다.
'소(昭)'는 '밝다, 분명하다'로 쓰였다. 『시경』에는 '작(炤)' 자로
되어 있다.
'구(疚)'는 '잘못'이다.

**詩云 '相在爾室한대 尙不愧于屋漏라.'하니 故로 君子는
不動而敬하며 不言而信이니라.**

『시경』에 '네가 (홀로) 방안에 있는 것을 보니 오히려 방 귀퉁이에
부끄럽지 않다.'라고 했으니, 그러므로 군자는 움직이지 않아도 공경
하며 말하지 않아도 믿는다.

【보】 앞이 신독(愼獨)에 관한 절이라면, 이 절은 '계신공구(戒
愼恐懼)'에 관한 절이다. 이 절까지가 위기지학(爲己之學)에 관
한 것이다.
『시경』「대아(大雅)」「억(抑)」에 "視爾友君子, 輯柔爾顔, 不遐
有愆. 相在爾室, 尙不愧于屋漏, 無曰不顯, 莫予云覯. 神之格思,
不可度思, 矧可射思."라고 했다.
'상(相)'은 '볼 상' 자로 쓰였다.
'이실(爾室)'은 홀로 방안에 있는 것으로 사물이 접촉하지 않
은 시간이자 장소[獨處]로 쓰였다.
'상(尙)'은 '오히려[猶]'의 뜻이다.
'옥루(屋漏)'는 방의 서북쪽 귀퉁이이다. 대개 동남쪽에 문이
있기 때문에 서북쪽은 가장 어두운 곳이다.

'부동(不動)'은 '방에 있음'을 의미한다.

詩曰 '奏假[格]無言에 時靡有爭이라.'하니 是故로 君子는 不賞而民勸하며 不怒而民威於鈇鉞이니라.

『시경』에 '신위 앞에 나아가 신명을 감격할 때 말이 없어 이에 다투는 사람이 있지 않다.'라고 했으니, 이 때문에 군자는 상을 주지 않아도 백성이 권면하며 성내지 않아도 백성이 작두와 도끼보다도 두려워한다.

【보】위기지학(爲己之學)의 공효가 '민권(民權)'으로 이어지고 있음을 밝힌 것이다. 즉 신께 나아가 감격할 때 정성과 공경을 지극히 한다면 말이 없어도 백성은 스스로 교화되는 것을 말한 것이다.
『시경』「상송(商頌)」「열조(烈祖)」에 "旣載淸酤, 賚我思成, 亦有和羹, 旣戒旣平, 鬷假無言, 時靡有爭, 綏我眉壽, 黃耉無疆."라고 했다.
'주(奏)'는 신위 앞에 나아가는 것을 말한다.
'가(假)' 자로 되어 있으나 '신이 이를 격(格)' 자로 보고 독음도 그렇게 한다.
'무언(無言)'은 정성(精誠)과 공경(恭敬)의 다른 표현이다.
'시(時)'는 '이 시(是)' 자로 쓰였다.
'위(威)'는 두려워함을 말한다.
'부(鈇)'는 여물을 써는 작두이고, '월(鉞)'은 나무를 베는 도끼이다.

詩曰 '不顯惟德을 百辟其刑之라.'하니 是故로 君子는 篤恭而天下平이니라.

『시경』에 '드러나지 않는 덕을 여러 제후들이 그것을 법으로 삼는
다.'라고 했으니, 이 때문에 군자는 공손함을 돈독히 함에, 천하가 평
안해지는 것이다.

【보】위기지학(爲己之學)의 공효가 천하평(天下平)으로 드러나
고 있음을 밝힌 것이다. 이 천하평이야말로 성인의 지극한 덕이
은미하게 나타난 것으로 중용의 공효이기도 하다.
　　『시경』「주송(周頌)」「열문(烈文)」에 "無競維人, 四方其訓之,
不顯維德, 百辟其刑之, 於乎, 前王不忘."라고 했다.
　　'불현(不顯)'은 또렷하게 드러나지 않는 것을 지칭하니 그윽하
고 깊은 것이다.
　　'백벽(百辟)'은 모든 제후를 말한다.
　　'형(刑)'은 '법으로 삼음'의 뜻으로 쓰였다.
　　'독공(篤恭)'은 앞의 '불현유덕(不顯惟德)'의 다른 표현일 뿐 의
미가 같다.

　詩云 '予懷明德의　不大聲以色이라.'하여늘　子曰 '聲色之
於以化民에　末也라.'하시니라　詩云 '德輶如毛라.'하나　毛
猶有倫하니 '上天之載　無聲無臭아.'　至矣니라

　『시경』에 '나(문왕)는 밝은 덕의 음성과 얼굴빛을 대단하다고 여
기지 않는다.'라고 했으니, 공자가 '음성과 얼굴빛은 백성을 교화시키
는 데에 있어 지엽적인 것이다.'라고 했다. 『시경』에 '덕은 가볍기가
마치 솜털과 같다.'라고 했으나, 솜털도 오히려 비교할 만한 것이 있
으니, (『시경』에) '하늘의 일은 소리도 없고 냄새도 없다.'는 표현이어
야 지극하다고 할 것이다.

【보】이 절은 앞 절의 '불현(不顯)'에 대한 찬미이자, 덕이라는 것은 반드시 하늘과 같아야 지극한 것임을 밝히고 있다. 시를 모두 세 번에 걸쳐 인용하고 있다. 처음 시에서는 불현의 덕이 표현된 문왕을 인용하였지만 음성과 얼굴색은 교황에 있어 지엽적인 것이라고 하였다. 그래서 두 번째 시를 이용하여 덕의 가볍기가 마치 솜털과 같기 때문에 이는 누구나 가능한 것이며 형체가 있기에 비교도 가능한 것이다. 따라서 한 번 더 시를 인용하여 하늘의 일은 소리도 냄새도 없다는 표현이야말로 위기지학(爲己之學)의 공효, 불현(不顯)의 덕에 부합된 말이라는 것이다. 즉 최고의 덕이란 보이지 않는 덕이라는 말이니, 이는 수장(首章)의 천명지위성(天命之謂性)과 같은 것으로 수장과 말장(末章)이 조응한다.

『시경』「대아(大雅)」「황의(皇矣)」에 "帝謂文王, 予懷明德, 不大聲以色, 不長夏以革, 不識不知, 順帝之則."라고 한 것과, 「대아」「증민(烝民)」에 "人亦有言, 德輶如毛, 民鮮克舉之."라고 한 것과, 「대아」「문왕지십(文王之什)」에 "上天之載, 無聲無臭, 儀刑文王, 萬邦作孚."라고 하였다.

'여(予)'는 문왕을 가리킨다.

'이(以)'는 '여(與)' 자의 쓰임과 같아 '~와'의 뜻으로 쓰였다.

'모(毛)'는 솜털을 가리키며 '德輶如毛'는 덕은 누구나 가능한 형체를 지니고 있음을 말한다.

'윤(倫)'은 '비교할 윤'으로 쓰였다.

'재(載)'는 '이치[理], 일[事]'의 뜻이다.

右는 第三十三章이라.

이상은 제33장이다.

『중용(中庸)』 종(終)

附錄

大學 中庸 講讀本

者其唯人之所不見乎詩云相在爾室

尚不愧于屋漏故君子不動而敬不言

而信詩曰奏假無言時靡有爭是故君

子不賞而民勸不怒而民威於鈇鉞詩

曰不顯惟德百辟其刑之是故君子篤

恭而天下平詩云予懷明德不大聲以

色子曰聲色之於以化民末也詩曰德

輶如毛毛猶有倫上天之載無聲無臭

至矣右第三十三章

天下之大本知天地之化育夫焉有所

倚肫肫其仁淵淵其淵浩浩其天苟不

固聰明聖知達天德者其孰能知之右

第三十二章

詩曰衣錦尚絅惡其文之著也故君子

之道闇然而日章小人之道的然而日

亡君子之道淡而不厭簡而文溫而理

知遠之近知風之自知微之顯可與入

德矣詩云潛雖伏矣亦孔之昭故君子

內省不疚無惡於志君子之所不可及

也寬裕溫柔足以有容也發强剛毅足
以有執也齊莊中正足以有敬也文理
密察足以有別也溥博淵泉而時出之
溥博如天淵泉如淵見而民莫不敬言
而民莫不信行而民莫不說是以聲名
洋溢乎中國施及蠻貊舟車所至人力
所通天之所覆地之所載日月所照霜
露所隊凡有血氣者莫不尊親故曰配
天右第三十一章

唯天下至誠爲能經綸天下之大經立

此無射庶幾夙夜以永終譽君子未有

不如此而蚤有譽於天下者也右第二

十九章

仲尼祖述堯舜憲章文武上律天時下

襲水土辟如天地之無不持載無不覆

幬辟如四時之錯行如日月之代明萬

物並育而不相害道並行而不相悖小

德川流大德敦化此天地之所以爲大

也右第三十章

唯天下至聖爲能聰明睿知足以有臨

王天下有三重焉其寡過矣乎上焉者
雖善無徵無徵不信不信民弗從下焉
者雖善不尊不尊不信不信民弗從故
君子之道本諸身徵諸庶民考諸三王
而不繆建諸天地而不悖質諸鬼神而
無疑百世以俟聖人而不惑質諸鬼神
而無疑知天也百世以俟聖人而不惑
知人也是故君子動而世爲天下道行
而世爲天下法言而世爲天下則遠之
則有望近之則不厭詩曰在彼無惡在

容詩曰旣明且哲以保其身其此之謂

與右第二十七章

子曰愚而好自用賤而好自專生乎今

之世反古之道如此者烖及其身者也

非天子不議禮不制度不考文今天下

車同軌書同文行同倫雖有其位苟無

其德不敢作禮樂焉雖有其德苟無其

位亦不敢作禮樂焉子曰吾說夏禮杞

不足徵也吾學殷禮有宋存焉吾學周

右第二十八章

爲天也於乎不顯文王之德之純蓋曰

文王之所以爲文也純亦不已右第二

十六章

大哉聖人之道洋洋乎發育萬物峻極

于天優優大哉禮儀三百威儀三千待

其人而後行故曰苟不至德至道不凝

焉故君子尊德性而道問學致廣大而

盡精微極高明而道中庸溫故而知新

敦厚以崇禮是故居上不驕爲下不倍

國有道其言足以興國無道其默足以

地之道可一言而盡也其爲物不貳則

其生物不測天地之道博也厚也高也

明也悠也久也今夫天斯昭昭之多及

其無窮也日月星辰繫焉萬物覆焉今

夫地一撮土之多及其廣厚載華嶽而

不重振河海而不洩萬物載焉今夫山

一卷石之多及其廣大草木生之禽獸

居之寶藏興焉今夫水一勺之多及其

不測黿鼉蛟龍魚鼈生焉貨財殖焉詩

云維天之命於穆不已蓋曰天之所以

誠者自成也而道自道也誠者物之終

始不誠無物是故君子誠之爲貴誠者

非自成己而已也所以成物也成己仁

也成物知也性之德也合外內之道也

故時措之宜也　右第二十五章

故至誠無息不息則久久則徵徵則悠

遠悠遠則博厚博厚則高明博厚所以

載物也高明所以覆物也悠久所以成

物也博厚配地高明配天悠久無疆如

此者不見而章不動而變無爲而成天

性能盡物之性則可以贊天地之化育

可以贊天地之化育則可以與天地參

矣右第二十二章

其次致曲曲能有誠誠則形形則著著

則明明則動動則變變則化唯天下至

誠爲能化右第二十三章

至誠之道可以前知國家將興必有禎

祥國家將亡必有妖吳見乎著龜動乎

四體禍福將至善必先知之不善必先

知之故至誠如神右第二十四章

學之弗能弗措也有弗問問之弗知弗

措也有弗思思之弗得弗措也有弗辨

辨之弗明弗措也有弗行行之弗篤弗

措也人一能之己百之人十能之己千

之果能此道矣雖愚必明雖柔必强右

第二十章

自誠明謂之性自明誠謂之教誠則明

矣明則誠矣右第二十一章

唯天下至誠爲能盡其性能盡其性則

能盡人之性能盡人之性則能盡物之

事前定則不困行前定則不疚道前定
則不窮在下位不獲乎上民不可得而
治矣獲乎上有道不信乎朋友不獲乎
上矣信乎朋友有道不順乎親不信乎
朋友矣順乎親有道反諸身不誠不順
乎親矣誠身有道不明乎善不誠乎身
矣誠者天之道也誠之者人之道也誠
者不勉而中不思而得從容中道聖人
也誠之者擇善而固執之者也博學之
審問之慎思之明辨之篤行之有弗學

所以脩身也去讒遠色賤貨而貴德所

以勸賢也尊其位重其祿同其好惡所

以勸親親也官盛任使所以勸大臣也

忠信重祿所以勸士也時使薄斂所以

勸百姓也日省月試旣稟稱事所以勸

百工也送往迎來嘉善而矜不能所以

柔遠人也繼絕世舉廢國治亂持危朝

聘以時厚往而薄來所以懷諸侯也凡

爲天下國家有九經所以行之者一也

凡事豫則立不豫則廢言前定則不跲

斯三者則知所以脩身知所以脩身則

知所以治人知所以治人則知所以治

天下國家矣凡爲天下國家有九經曰

脩身也尊賢也親親也敬大臣也體羣

臣也子庶民也來百工也柔遠人也懷

諸侯也脩身則道立尊賢則不惑親親

則諸父昆弟不怨敬大臣則不眩體羣

臣則士之報禮重子庶民則百姓勸來

百工則財用足柔遠人則四方歸之懷

諸侯則天下畏之齊明盛服非禮不動

不可以不脩身思脩身不可以不事親

思事親不可以不知人思知人不可以

不知天天下之達道五所以行之者三

曰君臣也父子也夫婦也昆弟也朋友

之交也五者天下之達道也知仁勇三

者天下之達德也所以行之者一也或

生而知之或學而知之或困而知之及

其知之一也或安而行之或利而行之

或勉强而行之及其成功一也子曰好

學近乎知力行近乎仁知恥近乎勇知

其先也明乎郊社之禮禘嘗之義治國

其如示諸掌乎右第十九章

哀公問政子曰文武之政布在方策其

人存則其政舉其人亡則其政息人道

敏政地道敏樹夫政也者蒲盧也故爲

政在人取人以身脩身以道脩道以仁

仁者人也親親爲大義者宜也尊賢爲

大親親之殺尊賢之等禮所生也在下

位不獲乎上民不可得而治矣故君子

乎天子父母之喪無貴賤一也右第十

八章

子曰武王周公其達孝矣乎夫孝者善

繼人之志善述人之事者也春秋脩其

祖廟陳其宗器設其裳衣薦其時食宗

廟之禮所以序昭穆也序爵所以辨貴

賤也序事所以辨賢也旅酬下爲上所

以逮賤也燕毛所以序齒也踐其位行

其禮奏其樂敬其所尊愛其所親事死

如事生事亡如事存孝之至也郊社之

子曰無憂者其惟文王乎以王季爲父
以武王爲子父作之子述之武王纘大
王王季文王之緒壹戎衣而有天下身
不失天下之顯名尊爲天子富有四海
之內宗廟饗之子孫保之武王末受命
周公成文武之德追王大王王季上祀
先公以天子之禮斯禮也達乎諸侯大
夫及士庶人父爲大夫子爲士葬以大
夫祭以士父爲士子爲大夫葬以士祭
以大夫期之喪達乎大夫三年之喪達

其上如在其左詩曰神之格思不可

度思矧可射思夫微之顯誠之不可揜

如此夫右第十六章

子曰舜其大孝也與德爲聖人尊爲天

子富有四海之內宗廟饗之子孫保之

故大德必得其位必得其祿必得其名

必得其壽故天之生物必因其材而篤

焉故栽者培之傾者覆之詩曰嘉樂君

子憲憲令德宜民宜人受祿于天保佑

命之自天申之右第十七章

下不尤人故君子居易以俟命小人行

險以徼幸子曰射有似乎君子失諸正

鵠反求諸其身右第十四章

君子之道辟如行遠必自邇辟如登高

必自卑詩曰妻子好合如鼓瑟琴兄弟

旣翕和樂且耽宜爾室家樂爾妻帑子

曰父母其順矣乎右第十五章

子曰鬼神之爲德其盛矣乎視之而弗

見聽之而弗聞體物而不可遺使天下

之人齊明盛服以承祭祀洋洋乎如在

以事君未能也所求乎弟以事兄未能

也所求乎朋友先施之未能也庸德之

行庸言之謹有所不足不敢不勉有餘

不敢盡言顧行行顧言君子胡不慥慥

爾右第十三章

君子素其位而行不願乎其外素富貴

行乎富貴素貧賤行乎貧賤素夷狄行

乎夷狄素患難行乎患難君子無入而

不自得焉在上位不陵下在下位不援

上正己而不求於人則無怨上不怨天

人亦有所不能焉天地之大也人猶有
所憾故君子語大天下莫能載焉語小
天下莫能破焉詩云鳶飛戾天魚躍于
淵言其上下察也君子之道造端乎夫
婦及其至也察乎天地右第十二章
子曰道不遠人人之爲道而遠人不可
以爲道詩云伐柯伐柯其則不遠執柯
以伐柯睨而視之猶以爲遠故君子以
人治人改而止君子之道四丘未能一
焉所求乎子以事父未能也所求乎臣

流強哉矯中立而不倚強哉矯國有道

不變塞焉強哉矯國無道至死不變強

哉矯右第十章

子曰素隱行怪後世有述焉吾弗爲之

矣君子遵道而行半塗而廢吾弗能已

矣君子依乎中庸遯世不見知而不悔

唯聖者能之右第十一章

君子之道費而隱夫婦之愚可以與知

焉及其至也雖聖人亦有所不知焉夫

婦之不肖可以能行焉及其至也雖聖

之中而莫之知辟也人皆曰予知擇乎

中庸而不能期月守也右第七章

子曰回之為人也擇乎中庸得一善則

拳拳服膺而弗失之矣右第八章

子曰天下國家可均也爵祿可辭也白

刃可蹈也中庸不可能也右第九章

子路問強子曰南方之強與北方之強

與抑而強與寬柔以教不報無道南方

之強也君子居之衽金革死而不厭北

方之強也而強者居之故君子和而不

子曰中庸其至矣乎民鮮能久矣右第

三章

子曰道之不行也我知之矣知者過之

愚者不及也道之不明也我知之矣賢

者過之不肖者不及也右第四章

子曰道其不行矣夫右第五章

子曰舜其大知也與舜好問而好察邇

言隱惡而揚善執其兩端用其中於民

其斯以爲舜乎右第六章

子曰人皆曰予知驅而納諸罟擭陷阱

天命之謂性率性之謂道脩道之謂教

道也者不可須臾離也可離非道也是

故君子戒慎其所不睹恐懼乎其所不

聞莫見乎隱莫顯乎微故君子慎其獨

也喜怒哀樂之未發謂之中發而皆中

節謂之和中也者天下之大本也和也

者天下之達道也右第一章

尼曰君子中庸小人反中庸君子之中

庸也君子而時中小人之中庸也小人

而無忌憚也右第二章

利也長國家而務財用者必自小人矣

彼爲善之小而之使爲國家菑害竝至

雖有善者亦無如之何矣此謂國不以

利爲利以義爲利也右傳之十章釋治

國平天下

拂人之性菑必逮夫身是故君子有大
道必忠信以得之驕泰以失之生財有
大道生之者衆食之者寡爲之者疾用
之者舒則財恒足矣仁者以財發身不
仁者以身發財未有上好仁而下不好
義者也未有好義其事不終者也未有
府庫財非其財者也孟獻子曰畜馬乘
不察於鷄豚伐冰之家不畜牛羊百乘
之家不畜聚斂之臣與其有聚斂之臣
寧有盜臣此謂國不以利爲利以義爲

休休焉其如有容焉人之有技若己有
之人之彦聖其心好之不啻若自其口
出寔能容之以能保我子孫黎民尚亦
有利哉人之有技娼疾以惡之人之彦
聖而違之俾不通寔不能容以不能保
我子孫黎民亦曰殆哉唯仁人放流之
迸諸四夷不與同中國此謂唯仁人爲
能愛人能惡人見賢而不能舉舉而不
能先命也見不善而不能退退而不能
遠過也好人之所惡惡人之所好是謂

道得眾則得國失眾則失國是故君子
先慎乎德有德此有人有人此有土有
土此有財有財此有用德者本也財者
末也外本內末爭民施奪是故財聚則
民散財散則民聚是故言悖而出者亦
悖而入貨悖而入者亦悖而出康誥曰
惟命不于常道善則得之不善則失之
矣楚書曰楚國無以為寶惟善以為寶
舅犯曰亡人無以為寶仁親以為寶秦
誓曰若有一个臣斷斷兮無他技其心

則身之所處上下四旁長短廣狹彼此
如一而無不方矣彼同有是心而興起
焉者又豈有一夫之不獲哉所操者約
而所及者廣此平天下之要道也故章
內之意皆自此而推之詩云樂只君子
民之父母民之所好好之民之所惡惡
之此之謂民之父母詩云節彼南山維
石巖巖赫赫師尹民具爾瞻有國者不
可以不愼辟則爲天下僇矣詩云殷之
未喪師克配上帝儀監于殷峻命不易

各得分願則上下四旁均齊方正而天

下平矣所惡於上毋以使下所惡於下

毋以事上所惡於前毋以先後所惡於

後毋以從前所惡於右毋以交於左所

惡於左毋以交於右此之謂絜矩之道

也此覆解上文絜矩二字之意如不欲

上之無禮於我則必以此度下之心而

亦不敢以此無禮使之不欲下之不忠

於我則必以此度上之心而亦不敢以

此不忠事之至於前後左右無不皆然

家右傳之九章釋齊家治國

所謂平天下在治其國者上老老而民

興孝上長長而民興弟上恤孤而民不

倍是以君子有絜矩之道也老老所謂

老吾老也興謂有所感發而興起也孤

者幼而無父之稱絜度也矩所以爲方

也言此三者上行下效捷於影響所謂

家齊而國治也亦可以見人心之所同

而不可使有一夫之不獲矣是以君子

必當因其所同推以度物使彼我之間

天下以仁而民從之桀紂帥天下以暴

而民從之其所令反其所好而民不從

是故君子有諸己而後求諸人無諸己

而後非諸人所藏乎身不恕而能喻諸

人者未之有也故治國在齊其家詩云

桃之夭夭其葉蓁蓁之子于歸宜其家

人宜其家人而后可以教國人詩云宜

兄宜弟宜兄宜弟而后可以教國人詩

云其儀不忒正是四國其為父子兄弟

足法而后民法之也此謂之國在齊其

所謂治國必先齊其家者其家不可教而能教人者無之故君子不出家而成教於國孝者所以事君也弟者所以事長也慈者所以使眾也康誥曰如保赤子心誠求之雖不中不遠矣未有學養子而后嫁者也一家仁一國興仁一家讓一國興讓一人貪戾一國作亂其幾如此此謂一言僨事一人定國堯舜帥

正心不在焉視而不見聽而不聞食而

不知其味此謂修身在正其心右傳之

七章釋正心脩身

所謂齊其家在修其身者人之其所親

愛而辟焉之其所賤惡而辟焉之其所

畏敬而辟焉之其所哀矜而辟焉之其

所敖惰而辟焉故好而知其惡惡而知

其美者天下鮮矣故諺有之曰人莫知

其者之惡莫知其苗之碩此謂身不修

不可而齊其家右傳之八章釋脩身齊

也小人閒居爲不善無所不至見君子
而后厭然揜其不善而著其善人之視
己如見其肺肝然則何益矣此謂誠於
中形於外故君子必愼其獨也曾子曰
十目所視十手所指其嚴乎富潤屋德
潤身心廣體胖故君子必誠其意右傳
之六章釋誠意
所謂修身在正其心者身有所忿懥則
不得其正有所恐懼則不得其正有所
好樂則不得其正有所憂患則不得其

也蓋人心之靈莫不有知而天下之物
莫不有理惟於理有未窮故其知有不
盡也是以大學始教必使學者卽凡天
下之物莫不因其已知之理而益窮之
以求至乎其極至於用力之久而一旦
豁然貫通焉則衆物之表裏精粗無不
到而吾心之全體大用無不明矣此謂
物格此謂知之至也
所謂誠其意者毋自欺也如惡惡臭如
好好色此之謂自謙故君子必愼其獨

賢其賢而親其親小人樂其樂而利其

利此以沒世不忘也右傳之三章釋止

於至善

子曰聽訟吾猶人也必也使無訟乎無

情者不得盡其辭大畏民志此謂知本

右傳之四章釋本末

此謂知本此謂知之至也右傳之五章

蓋釋格物致知之義而今亡矣間嘗竊

取程子之意以補之曰所謂致知在格

物者言欲致吾之知在卽物而窮其理

人而不如鳥乎詩云穆穆文王於緝熙

敬止爲人君止於仁爲人臣止於敬爲

人子止於孝爲人父止於慈與國人交

止於信詩云瞻彼淇澳菉竹猗猗有斐

君子如切如磋如琢如磨瑟兮僩兮赫

兮喧兮有斐君子終不可諠兮如切如

磋者道學也如琢如磨者自修也瑟兮

僩兮者恂慄也赫兮喧兮者威儀也有

斐君子終不可諠兮者道盛德至善民

之不能忘也詩云於戲前王不忘君子

康誥曰克明德太甲曰顧諟天之明命

帝典曰克明峻德皆自明也右傳之首

章釋明明德

湯之盤銘曰苟日新日日新又日新康

誥曰作新民詩曰周雖舊邦其命維新

是故君子無所不用其極右傳之二章

釋新民

詩云邦畿千里惟民所止詩云緡蠻黃

鳥止于丘隅子曰於止知其所止可以

而后心正心正而后身修身修而后家
齊家齊而后國治國治而后天下平自
天子以至於庶人壹是皆以修身爲本
其本亂而末治者否矣其所厚者薄而
其所薄者厚未之有也右經一章蓋孔
子之言而曾子述之

經文

大學之道在明明德在親民在止於至
善知止而后有定定而后能靜靜而后
能安安而后能慮慮而后能得物有本
末事有終始知所先後則近道矣古之
欲明明德於天下者先治其國欲治其
國者先齊其家欲齊其家者先修其身
欲修其者先正其心欲正其心者先誠
其意欲誠其意者先致其知致知在格
物物格而后知至知至而后意誠意誠

강동석

고려대학교에서 석사·박사 학위를 수여하였다. 저서는『맹자』,『논어역보』,『이곡 문학의 종합적 이해』,『한국한문학의 감상과 이해』가 있으며, 역서로는『국역 존재집』권 1이 있다. 연구논문으로는「이색의 자연시 연구」,「고려 후기 자연관의 변모 양상에 관한 연구」,「이집 시에 있어서의 고한의 정서와 시은 추구」외 다수가 있다.

대학·중용 강의

초판인쇄 2017년 5월 19일
초판발행 2017년 5월 19일

지은이 강동석
펴낸이 채종준
펴낸곳 한국학술정보㈜
주소 경기도 파주시 회동길 230(문발동)
전화 031) 908-3181(대표)
팩스 031) 908-3189
홈페이지 http://ebook.kstudy.com
전자우편 출판사업부 publish@kstudy.com
등록 제일산-115호(2000. 6. 19)

ISBN 978-89-268-7930-6 93150